权威·前沿·原创

皮书系列为
"十二五""十三五"国家重点图书出版规划项目

贵州蓝皮书
BLUE BOOK OF
GUIZHOU

贵州国有企业社会责任发展报告
（2016~2017）

ANNUAL REPORT ON DEVELOPMENT OF STATE-OWNED
ENTERPRISES SOCIAL RESPONSIBILITY IN GUIZHOU (2016-2017)

主　编／郭　丽
副主编／周　航　万　强

社会科学文献出版社
SOCIAL SCIENCES ACADEMIC PRESS（CHINA）

图书在版编目（CIP）数据

贵州国有企业社会责任发展报告. 2016~2017 / 郭
丽主编. — 北京：社会科学文献出版社，2017.12
（贵州蓝皮书）
ISBN 978 - 7 - 5201 - 1980 - 1

Ⅰ.①贵… Ⅱ.①郭… Ⅲ.①国有企业 - 企业责任 -
社会责任 - 研究报告 - 贵州 - 2016 - 2017 Ⅳ.
①F279. 277. 3

中国版本图书馆 CIP 数据核字（2017）第 314559 号

贵州蓝皮书
贵州国有企业社会责任发展报告（2016~2017）

主　　编 / 郭　丽
副 主 编 / 周　航　万　强

出 版 人 / 谢寿光
项目统筹 / 邓泳红　陈　颖
责任编辑 / 薛铭洁

出　　版 / 社会科学文献出版社·皮书出版分社（010）59367127
　　　　　　地址：北京市北三环中路甲 29 号院华龙大厦　邮编：100029
　　　　　　网址：www. ssap. com. cn
发　　行 / 市场营销中心（010）59367081　59367018
印　　装 / 北京季蜂印刷有限公司

规　　格 / 开　本：787mm × 1092mm　1/16
　　　　　　印　张：15.75　字　数：208 千字
版　　次 / 2017 年 12 月第 1 版　2017 年 12 月第 1 次印刷
书　　号 / ISBN 978 - 7 - 5201 - 1980 - 1
定　　价 / 89.00 元

皮书序列号 / PSN B - 2015 - 511 - 6/10

《贵州蓝皮书·国有企业社会责任》
编纂领导小组

《贵州蓝皮书·国有企业社会责任》
编 委 会

主要编撰者简介

郭　丽　贵州省社会科学院党建研究所所长，研究员，省委宣传部"四个一批"人才。研究方向为国有企业社会责任、基层党建研究。参与完成国家社科基金重点课题子项目"中国国情丛书百县市经济社会追踪调查·遵义（汇川区）卷"。主持完成省长基金课题"贵州省农村公共产品供给新体制研究"、省招标课题"贵州省'整脏治乱'法规政策研究"2项，横向课题研究12项。出版专著、主编及参与编撰8本，其中，专著1本，《贵州省加强换届后县级领导班子建设研究》；主编4本，《贵州国有企业社会责任发展报告(2014)》《贵州国有企业社会责任发展报告（2015）》《贵州国有企业社会责任发展报告（2015～2016)》《谱写"中国梦"贵州篇章实践与探索》；参与编撰3本，《全面从严治党——贵州的学习研究与实践》《长征路上的新长征》《中国共产党成立90周年理论研讨会论文集》。在省级以上公开刊物发表文章近30篇。

摘　要

2016 年，是贵州实施大扶贫、大数据"两大发展战略"的关键期，贵州坚持把脱贫攻坚作为头等大事和第一民生工程，以脱贫攻坚统揽经济社会发展全局，推进大扶贫战略行动，将"精准扶贫"贯穿脱贫攻坚全过程，不断完善政策措施，推动各类资源、各种要素、各方力量向脱贫攻坚聚集，脱贫攻坚实现良好开局。国有企业自觉践行到"两大发展战略"中，特别是全省中心任务脱贫攻坚成效明显。贵州省国有企业勇担重任，将全省中心任务脱贫攻坚自觉融入企业发展战略规划，继续认真履行十二个贫困县的点对点脱贫攻坚任务。从"输血式"扶贫到"造血式"扶贫，从"外部扶贫"到"内生扶贫"，从"面上扶贫"到"智力扶贫"，真正让群众的脱贫具有可持续性，以优异的成绩赢得社会和群众的认可，社会责任有序推进。大生态战略序幕逐步拉开。贵州省国有企业认真贯彻落实习近平总书记对安全工作做出的重要指示、重要批示精神，做到"四个确保"，确保不发生重大安全生产事故、确保不发生重大环境事件、确保不发生重大治安事件、确保政治安全。为此，贵州省国资委成立防汛抗洪领导小组，对防汛抗洪、安全生产、环境保护、信访维稳等工作实施部署、落实、检查、追究责任等机制，部分大型国有企业坚持创新、协调、绿色、开放、共享新发展理念，立足做大做强做优、突出转型升级、支撑企业长远发展，在发展中实施项目建设和科技创新。

环境执法力度加大，技术创新保护环境的意识得到加强。国有企业社会责任的制度建设进一步完善。在国家层面出台了《关于深化国有企业改革的指导意见》《国务院关于国有企业发展混合所有制经济的意见》《国务院国有改革和完善国有资产管理体制的若干意见》《国务院办公厅关于加强和改进国有资产监督防止资产流失的意见》的基础上，贵州省结合自身实际，先后出台了《贵州省国资委监管企业负责人经营业绩考核办法》《贵州省国资委监管企业负责人薪酬管理办法》《贵州省企业履行社会责任星级评价实施办法》《贵州省企业履行社会责任星级评价管理办法》《贵州省企业社会责任评价指标体系》等。

由于贵州省国有企业主要为能源、原材料产业，普遍存在产能过剩情况，在经济下行压力加大的形势下，市场需求、产品价格、经济效益普遍下滑，融资难、融资贵等问题普遍存在，用电、物流成本高且难以消化，稳增基础薄弱，亏损面扩大，监管企业经济运行整体困难。部分监管企业处于产业链低端，受转型升级任务繁重、人才流失严重、支撑企业发展的战略项目缺乏、转型任务重、法人治理结构有待健全等多方面影响，进一步削弱企业社会责任履行整体能力，主动性和积极性受挫。《贵州省国资委监管企业产权制度改革三年行动计划》的不断深入和落实，将进一步推动投资主体和产权多元化，发展混合所有制经济，构建有利于企业科学发展的产权制度和体制机制，促进企业做优做强，不断增强国有经济活力和带动力，实现国有资本有序进退，企业活力、竞争力和带动力将明显增强，国有企业社会责任履行将更加深入和全面。同时，在大生态战略实施和带动下，国有企业在处理发展与生态的关系上，将逐步趋向一种创新发展、绿色发展、协调和谐发展之路。

Abstract

The year of 2016 is critical to the strategic actions of poverty alleviation and big data industry. Poverty alleviation has always been the priority task to Guizhou, and it also Concerns the livelihood of the people greatly. Therefore, such policy as "targeted poverty alleviation" should be implemented, the relevant policy and measures should be carried out, and resources, elements and efforts from all sectors of the society should be mobilized and invested, so as to ensure a good start in the field. The SOEs has been actively participating in the two strategic actions, especially in the action of poverty alleviation, and great progress has been made. They will continue to play their roles in the point-to-point poverty alleviation concerning 12 impoverished counties. The internal impetus should be stimulated and intellectual support should be provided to ensure a sustainable and endurable development in such areas. The strategy of Big Ecology has also begun. To implement the instructions and spirit concerning safety in production in the important speeches by Secretary General Xi Jinping, the SOEs in Guizhou has been following the principles of "the four ensurings" which concerns such aspects as major safety accident, major environment damage, major public safety affairs, and political safety. A leading group on flood prevention has been established by SASACGZ, and the mechanisms hare been established regarding flood prevention, safety in production, environment protection, and petition and maintenance of stability. Many of the SOEs have put great emphasis on technology innovation, following the five major development concepts including innovation, coordination, green, open and sharing, to ensure the sustainable and enduring development of the enterprises. With the enhancement of law enforcement in environment-related fields, and to achiere project Coustruction and techaology innoration.

The idea of protecting the environment through technological innovation has been increasingly accepted. The mechanism concerning social responsibility of SOEs has been further improved. On the national level, such policies and documents as *Guiding Opinion on Deepening the Reform of SOEs*, *Opinion on Mixed-ownership Development in SOEs by the State Council*, *Several Opinions on State Ownership Reform and Improvement of Mechanisms of State-owned Assets Management by the State Council*, *and Opinion on Improvement of State-owned Assets Supervision and Prevention of Assets Loss*. Based on that, local policies are tailored, according the the conditions of Guizhou, in the aspects of performance evaluation on leaders, salary and payment management, star rating system concerning social duty performance, and evaluation of performing social duties of SOEs supervised by SASACGZ.

However, as the majority of the SOEs in Guizhou are in energy and raw material sectors, they are generally facing the challenges of over capacity, decrease in demand, price and economy efficiency, financing difficulties, and high cost of electricity and logistics. Therefore, there has been overall difficulties and increasing pressure in the operation and development of such enterprises. Meanwhile, some of the supervised SOEs are in the low end of industrial chain. Such problem as difficulty regarding upgrading, severe loss of talent, lack of strategic project supporting the development and imperfection in enterprise management has greatly impacted their capacity and willingness to perform social responsibility. As the implementation of the three year plan carries on, diversified investment will be attracted and mixed ownership will be further developed, which is beneficial to the scientific development of the enterprises and will inevitably bring motivation to state-owned economy. It is also possible that increase in vitality, competitive power and driving force will contribute to improve the performance of social duties of the SOEs. Meanwhile, with the implementation of the big ecology strategy, an innovative, green and harmonious approach will be adopted in the context of the relation of enterprise development and environment protection.

目 录

Ⅰ 总报告

Ⅱ 分报告

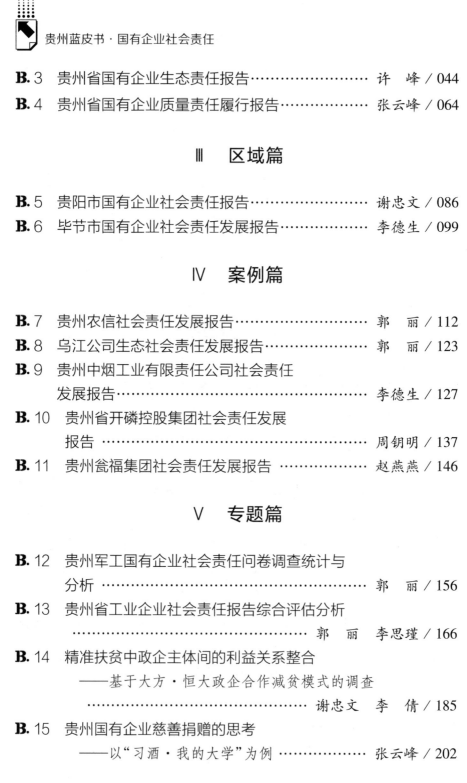

VI 大事记

皮书数据库阅读**使用指南**

CONTENTS

I General Report

II Sub-report

Ⅲ　Regional Report

Ⅳ　Case Report

Ⅴ　Special Report

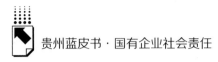

Ⅵ　Memorabilia

总 报 告

General Report

B.1

2016年贵州省国有企业社会责任
形势分析与预测

郭 丽*

摘　要：《贵州省国资委监管企业产权制度改革三年行动计划》深入实施，国有企业改革已进入全方位、立体化领域，改革涉及的范围和内容更广泛、更深入。随着国有企业改革、转型升级的不断深入和脱贫攻坚中心任务的不断推进，在政府主导、行业引导、企业主体、社会监督社会责任格局的推动下，国有企业社会责任履行能力相比2016年明显增强，发展态势良好。

* 郭丽，贵州省社会科学院党建研究所所长，研究员。

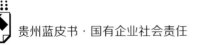

关键词： 国有企业　社会责任　贵州

2016 年，作为"十三五"的开局之年，面对新的形势、新的任务和新的要求，企业社会责任的履行对于实现企业"十三五"改革发展目标具有十分重要的意义。贵州省深入实践习近平总书记在贵州考察时的重要讲话精神，践行守住发展和生态两条底线，培植后发优势，奋力后发赶超，走出一条有别于东部、不同于西部及其他省份的发展新路。贵州紧紧围绕守底线、走新路、奔小康的总要求，坚持加速发展、加快转型、推动新跨越主基调，深入实施大扶贫、大数据战略，实现经济发展与省委中心任务脱贫攻坚的强有力结合，国有企业正成为实现决胜脱贫攻坚，同步全面小康，奋力开创百姓富、生态美的多彩贵州未来的一股重要力量。

一　2016年贵州省国有企业社会责任履行情况

2016 年正值贵州省脱贫攻坚、同步小康的决胜时期。贵州省国有企业在经济责任、扶贫攻坚、生态建设、转型升级、创新发展等方面积极发挥重要作用，取得明显成效。

（一）履行社会责任意识更加强烈　履行社会责任行为更加自觉

随着贵州省 2020 年与全国同步小康社会进程的加快，国有企业勇于担当脱贫攻坚的职责和使命，积极参与社会责任发布会工作。"2017 贵州省企业社会责任报告发布会暨 CSR 茅台论坛"于 2017 年 8 月 17 日在仁怀市茅台镇成功举行。本次大会以"绿色发展　精准

扶贫　坚守底线　责任担当"为主题，举办"CSR 茅台论坛"，论坛分为"绿色发展论坛""精准扶贫对话论坛"，参加报告发布和质量信誉承诺大会的企业达 117 家，涉及电力、煤炭、钢铁、装备制造、医药、化工、电子信息、生态农业和旅游等 20 多个行业。近 61 家企业在企业网站及网络上发布了 2016 年履行社会责任情况报告，会上对贵州茅台酒厂（集团）习酒有限责任公司等 37 户企业授予"履行社会责任五星级企业"称号。本次发布会，进一步推进国有企业履行社会责任的积极性和主动性。其主题特点突出、亮点纷呈。贵州省企业社会责任报告发布会自 2011 年以来已连续举办七届，先后共有434 家（次）中央在黔企业、地方国有骨干企业和优秀民营企业在会上发布了社会责任报告。

根据《贵州国有企业社会责任发展报告》课题组专门针对航天制造国有企业开展的随机抽样（198 家问卷调查），国有企业员工对社会责任表示"了解"（包含"很了解""比较了解"）的比例超过 4成，达到 46.9%，较 2015 年 60.3% 低约 14 个百分点。这表明，尽管在贵州省委、省政府持续不断的影响和推动下，国有企业履行社会责任的意识增强，国有企业职工对企业履行社会责任的认知度逐年增高，履行社会责任的自觉性进一步提高，但是在有些特定行业，国有企业履行社会责任仍影响不足、宣传不够。

（二）国有企业经济稳步增长　社会责任履责能力不断加强

中国共产党第十八届三中全会指出："必须毫不动摇巩固和发展公有制经济，坚持公有制主体地位，发挥国有经济主导作用，不断增强国有经济活力、控制力、影响力。"国有企业在贵州省经济发展总量中占有相当大比重，在履行社会责任中发挥着"主力军"的作用，做大、做强、做优乃是国有企业履行社会责任的基础和保障，是国有企业最根本的社会责任。

2016 年，世界经济复苏缓慢、国内经济下行压力不减，处于产业链上游的贵州经济受下游市场影响较大，加上煤、烟两大传统支柱产业发展缓慢，贵州工业经济面临多重困难。省委、省政府保持战略定力，高瞻远瞩，迎难而上，继续深入实施工业强省战略，努力践行新发展理念，全力推进供给侧结构性改革，大力实施"百企引进""千企改造"工程以及"双培育""双退出"行动计划，工业经济实现转型升级、提质增效。2016 年贵州省地区生产总值达到11734.43 亿元，比上年增长 10.5%，其中，规模以上工业企业达到5047 户，比 2015 年末净增 565 户。2016 年国有企业增加值为720.34 亿元，较 2015 年增长 8.4%，占规模以上工业增加值的比重为 17.9%。[①] 从经济类型看，国有控股工业企业增加值比上年增长5.2%。18 户独资及控股企业预计实现营业收入 1932.8 亿元，同比增长 12.1%；实现利润总额 260.3 亿元，同比增长 10.9%；实现增加值 615.5 亿元，同比增长 11.1%。截至 2016 年 12 月底，资产总额为 3887.1 亿元，同比增长 13%；所有者权益为 1766.1 亿元，同比增长 12%；资产保值增值率为 112%。9 户参股企业预计实现营业收入 844.1 亿元，同比增长 16.8%；实现利润总额 33.7 亿元，同比增长 45.3%；实现增加值 246.9 亿元，同比增长 15.9%。在国内外经济下行的严峻形势下，监管企业主要指标大幅高于年初预算指标（营业收入、利润总额、劳动生产总值年初预算增长 8.24%、3.95%、5.72%），高于全省国民生产总值增速，高于全国省级国有监管企业平均增速，实现逆势上扬、稳步增长，很好地完成了国有企业的保值增值。

---

① 贵州统计局、国家统计局、贵州调查总队：《2016 年贵州省国民经济和社会发展统计公报》，2017 年 3 月 22 日。

（三）国有企业改革不断深入　社会责任履职基础不断夯实

2016 年是贵州省启动国有企业产权制度改革三年行动计划的第二年，也是贵州省国有企业改革能否取得成功的关键年。随着中央《关于深化国有企业改革的指导意见》以及"1＋N"配套文件的陆续出台，党中央和国务院先后出台了《关于深化国有企业改革的指导意见》《国务院关于国有企业发展混合所有制经济的意见》《国务院关于改革和完善国有资产管理体制的若干意见》《国务院关于加强和改进企业国有资产监督防止资产流失的意见》等，这充分说明国家深化国有企业改革政策体系不断完善。国有企业改革已是全方位、立体式推进，改革涉及的范围更广泛、更深入。

在中共中央、国务院颁布《关于深化国有企业改革的指导意见》精神的指引下，贵州省将"省国企产权制度改革专题组"更名为"省深化国有企业改革专题组"，统筹协调省属国有企业改革改制工作，以此加强国企改革组织领导，形成改革推动合力。各个监管企业高度重视企业改革工作，分别成立以"一把手"为组长的深化改革领导小组办公室。建立集体决策、会议交流、信息沟通等运行体系。以"抓统筹、抓方案、抓落实"为主导的工作机制正逐步形成。在省委、省政府的正确领导下，贵州省深化国有企业改革迈出坚实步伐：重点改革试点梯次展开，供给侧结构性改革、提质增效取得积极进展，国有资产管理体制不断改进，国有企业经营机制不断创新，国有企业活力不断增强，国有资本实现了保值增值。

（四）脱贫攻坚社会责任精准履行　社会影响力进一步提升

2015 年，贵州省贫困人口仍有 600 多万人，排在全国第一；2015 年，贵州省贫困发生率还有 18%，比全国平均水平高出 10.8 个百分点；2015年，贵州省85.3%的土地面积、91.2%的贫困人口、90.6%的贫困乡镇、92.1%的贫困村，82.5%的民族乡都处于集中连片特困地区，扶贫开发任务十分繁重。正如习近平总书记强调的，"对贵州来说，保障和改善民生，最主要的是打好扶贫开发攻坚战"。扶贫开发，贵在精准、重在精准，成败之举在于精准。2016年，贵州省持续推进大扶贫战略行动，将"精准"贯穿脱贫攻坚全过程，不断完善政策措施，推动各类资源、各种要素、各方力量向脱贫攻坚聚集，脱贫攻坚实现良好开局。贵州省为了深入贯彻《国务院办公厅关于进一步动员社会各方面力量参与扶贫开发的意见》精神，中共贵州省委办公厅、贵州省人民政府办公厅印发《关于动员国有企业结对帮扶贫困县推进整县脱贫的指导意见》，创新社会力量参与扶贫开发机制，鼓励国有大型企业发挥资金、技术、人才、管理及内引外联等优势，进一步发挥国有企业在扶贫开发工作中的帮扶作用，结对贫困县以帮助发展产业、共建园区、改善基础设施、提供公共服务能力、推进人才交流培养、促进就业增收、推动城镇开发为重点任务开展扶贫攻坚。贵州经验主要表现为脱贫攻坚的省委顶层设计、率先实施摘帽不摘政策的减贫激励机制，国有企业融入全省大扶贫战略，12家国企因地制宜、因企制宜采取帮扶措施，在开展园区共建、强化公共服务、推进教育培训、促进就业增收、推动城镇开发等重点帮扶任务上深化落实。作为中国脱贫攻坚的主战场，贵州脱贫攻坚首战告捷，2016年减贫人口120.8万人，农村贫困人口减少到372.2万人，超1500个贫困村"摘帽"，贫困发生率降至10.6%。

（五）生态保护力度不断增强　资源与环境保护成效进一步显现

2016年，贵州获批建设全国首批国家生态文明试验区。中国共产党贵州省第十二次代表大会明确提出要实施"大扶贫、大数据、大生态"三大战略。贵州将努力实现生态文明建设新跨越。贵州省出台了《贵州省企业履行社会责任指导意见》，明确规定加大对污染环境、破坏生态、浪费资源、发生事故、缺乏信用等行为的惩处力度。① 国有企业加大环境治理投入力度，加大环境保护建设力度，加大环境保护督察力度，实行省以下环保机构监测监察执法垂直管理制度。全面推行"河长制"，为贵州省国有企业按照中央、省委和省政府的要求，将环保工作作为检验"四个意识"强不强，政治站位高不高，落实省委省政府精神认不认真、扎不扎实的重要举措，作为关系企业生死存亡的大事抓好抓实，将经营活动围绕环保工作开展，在巩固提升基础工作的基础上，凝聚力量，运用新技术、新工艺，使企业真正做到环保立身、绿色发展，"既要金山银山，也要绿水青山"的理念在国有企业发展进程中生根发芽。

（六）建立健全企业社会责任制度　企业履责良好氛围逐渐形成

2016 年 7 月 1 日，国务院、国资委发布了《关于国有企业更好履行社会责任的指导意见》，这是继 2008 年发布《关于中央企业履行社会责任的指导意见》之后，促进国有企业履行社会责任的又一重要里程碑。贵州省为进一步加大企业履行社会责任，省经信委、省国资委、省人社厅、省商务厅、省环保厅、省质监局、省工商局、省安监局、省食药监局、省国税局、省方税局、省总工会、中国证监会贵州监管局、省工商联、省工业与知识经济联合会联合发布了《贵州省企业履行社会责任指导意见》（以下称《意见》），《意见》进一步明确了贵州省企业履责的主要内容，给企业履行社会责任提

---

① 《企业如何履行社会责任？贵州全面施行"指导意见"》，多彩贵州网，2017 年 5 月 23 日。

供系统、全面的指导，对提升在黔企业履行社会责任水平起到重要作用。《意见》明确规定：企业社会责任包括坚持科学发展，提高持续赢利能力；坚持诚实守信，依法规范经营；坚持提高产品和服务质量，保障消费者权益；坚持节约资源和保护环境，履行环境保护责任；坚持科技进步，推进自主创新；坚持以人为本，保障安全生产；坚持维护职工合法权益，构建和谐劳动关系；坚持参与大扶贫等公益事业，推动和谐社会建设等①。贵州省将开展试点示范，提高企业履责能力。分类施策，选择有意愿的重点企业开展试点，培育履行社会责任优秀企业。建立失责失信名单管理制度，定期在"国家企业信用信息公示系统（贵州）"等信息平台公开发布。同时，在这一制度基础上，又建立健全了具有贵州特色的评价体系，完善企业社会责任信息披露制度，定期举办全省企业社会责任报告发布会和履责星级评价。②

（七）建立健全贵州省地方性 CSR 指标体系，社会责任履行方向更加明晰

2014 年山东省质监局推出的《企业社会责任指标体系》与《企业社会责任报告编写指南》为当地企业在履责方面提供了有价值的参考标准，也为地方企业履行社会责任提供典范。③ 2016 年贵州省出台了《贵州省企业社会责任评价指标体系（试行）》，为贵州省加快建立健全贵州省地方性 CSR 指标体系奠定基础。指标体系由十个部分组成，从企业社会责任价值观、责任推进管理、科学发展和持续赢利、诚实守信依法经营、提高产品质量保障消费者权益、节约资源保护环境、科技进步自主创新、以人为本安全生产、维护职工合法权益

---

① 《企业如何履行社会责任？贵州全面施行"指导意见"》，多彩贵州网，2017 年 5 月 23 日。
② 《企业如何履行社会责任？贵州全面施行"指导意见"》，多彩贵州网，2017 年 5 月 23 日。
③ 《国内首个企业社会责任指标体系标准发布》，人民政协网，2014 年 2 月 11 日。

构建和谐劳动关系、参与公益事业推动和谐社会建设十个方面进行履职评价，为贵州省企业社会责任履行提供可操作的具体规范。评价指标数据的获取以动态数据为主，主要以外部第三方数据为依据，即以相关数据部门的记录数据、行业协会和媒体等的监控与统计数据为主，同时，采取测评、企业提供等方式获取指标数据。通过评价企业在经济、环境、社会等方面的表现，切实转变企业生产经营方式和管理模式，促进企业提质增效升级，创新发展，实现经济、生态、社会效益的和谐统一。

二 贵州省国有企业履行社会责任中存在的主要问题

贵州省国有企业在抓好经济增长、实现国有资产保值增值、保护生态环境与资源、积极促进就业、支持公益事业以及积极促进地方经济发展等社会责任履行方面均取得了明显成效，树立了良好的社会形象。同时，贵州省国有企业社会责任建设在具体实践中仍面临着一些不容忽视的问题与难题。

（一）国有企业经济稳中趋好，社会责任履行总体能力仍旧不强

2016年，世界经济复苏缓慢、国内经济下行压力不减，处于产业链上游的贵州经济受下游市场影响较大，加上煤、烟两大传统支柱产业发展缓慢，贵州工业经济面临多重困难。贵州省以"降成本"为主要突破口，在企业要素供给上不断降低成本，用电费、物流费等下降，减轻企业负担，企业赢利空间有效释放。截至2016年11月末，全省规模以上工业亏损企业数比上年同期减少8.7%，1~11月亏损企业亏损总额下降13.7%，营业利润比上年同期增长18.5%，

比营业成本高4.0个百分点。2016年国有控股工业企业增加值占规模以上工业的比重达42.8%，但增速只有5.2%，比规模以上工业慢4.7个百分点，对工业经济增长的贡献远低于非公控股企业。可见，贵州省国有企业经济运行尽管总量突破、速度较快、结构优化、效益提升，但从实践中社会责任履行情况来看，除贵州茅台集团、贵州电网公司等国有监管企业社会责任意识较强、履职能力较好以外，贵州省绝大多数企业特别是市州国有企业均属于中小型企业，经营发展状况并不乐观，社会责任履行能力仍不理想。

（二）社会责任意识不断提高，但仍未形成普遍共识

从2016年社会责任发布情况来看，共计117家企业发布了社会责任报告，涉及20多个行业企业，较2015年参与社会责任发布企业的数量和涉及行业略有回落，这反映了贵州省企业社会责任意识尽管不断提高，但是受到转型升级、结构调整等多方面因素影响，国有企业很大程度上认为发展是最大的社会责任，对社会责任的理解和认识仍存在偏差和误区。根据2016年问卷分析结果，仍有47%的国有企业员工对社会责任"了解一般"，4.7%的员工"不太了解"。更值得注意的是，相对于贵州省国有企业的数量，参与社会责任发布的企业占比非常小。以地方国有企业为例，目前贵州省地方国有企业共1183户，2016年参与社会责任发布的企业数相对于地方国有企业，占比9.8%（参与发布企业含民营企业）。可见，参与社会责任发布的国有企业相对于全省国有企业的占比大大低于9.8%。国有企业社会责任履行共识仍存在差异。"2016年贵州省国有企业社会责任问卷调查"也证实了这一点。本次问卷调查采取抽样调查方式，共计收集问卷198份，其中195份进行了有效作答。根据各企业对社会责任应该包含的内容进行划分，认为包含"坚持诚实守信，确保企业产品货真价实"的为180份，占比92.3%；认

为包含"坚持科学发展,担负起增加税收和国家发展的使命"的为153份,占比78.5%;认为包含"坚持可持续发展,高度关注节约资源,改变经济增长方式,循环发展"的为144份,占比73.8%;认为包含"坚持保护环境,担当起维护自然和谐的重任"的为145份,占比74.4%;认为包含"支持公共服务建设,担当起发展医疗卫生、科技教育和文化建设的责任"的为105份,占比53.8%;认为"发展慈善事业,重视和承担扶贫济困的责任"的为111份,占比56.9%;认为包含"维护职工权益,确保职工待遇和承担保护职工生命、健康的责任"的为139份,占比71.3%;认为包含"推动科技创新,重视科技研发和引进技术的消化吸收,加大资金与人才的投入"的为119份,占比61%。① 可见,贵州省国有企业目前对企业社会责任内涵的认识仍然存在一定偏差,特别是对科学发展、可持续发展以及环境保护与企业社会责任之间的关系还缺乏全面正确的认识。

(三)国有企业社会责任制度建设不断加强,但社会责任履行仍旧存在体制机制障碍

贵州省国有企业参加社会责任报告发布会数量逐年增多,企业社会责任的边界逐步明晰,企业社会责任管理运营探索了新路,强化了企业履行社会责任对标,企业发布的社会责任报告得到有价值的运用,全省企业社会责任建设工作总体呈现良好发展势头,政府指导、行业引导、企业主导和社会监督的社会责任体系建设基本格局正在形成。但囿于社会责任发展历史相对较短,社会责任履行体制机制尚不健全。目前,贵州省国有企业履行社会责任的主要依据有《公司法》、《关于中央企业履行社会责任的指导意见》和《贵州

---

① 课题组问卷调查统计分析结果。

省企业履行社会责任指导意见》，在实际操作中都存在不同程度的困难，缺乏具体的实施细则。从社会责任履行情况来看，国有企业的社会责任履行往往围绕省委、省政府中心任务进行，主要是政府层面进行认可，缺乏广泛的社会评价机制，更缺乏相应的保障机制和制裁机制。

（四）国有企业监管成效显著，社会责任管理体制仍有待健全

从贵州省国有企业社会责任管理体制来看，目前由贵州省工业信息化委员会和国资委共同管理。国有企业社会责任履行仅由工业经济联合协会推动，对国有企业履行社会责任缺乏管理力度和推进强度。同时，国有企业自身也缺乏明确的社会责任管理部门，大多数都由群工部门或群团部门负责，缺乏专门机构和专人负责。贵州省国有企业虽大力提倡将"社会责任纳入企业日常管理和企业发展的战略规划"，倡导"以社会责任促企业经营发展"，并取得了一些成绩，但管理随意性较大，尚未形成健全的社会责任管理体制。

三　加强贵州省国有企业履行社会责任的对策建议

企业社会责任涉及面广，内容丰富，不仅需要企业自身意识提高，履职能力增强，履职行为自觉，更需要制度的健全和完善。国有企业在发展新理念的指引下，其社会责任履行将有新突破和新变化。本报告认为当前要在切实增强社会责任履行能力、营造国有企业社会责任履行的良好氛围、理顺国有企业社会责任体制机制、全面搭建国有企业社会责任履行"晾晒平台"等方面进行加强和完善。

（一）深入推进国有企业改革，增强国有企业社会责任的履行能力

随着工业强省不断深入推进，贵州省国有企业的发展也在不断改造和升级，国资委要坚持整体谋划，着力重点突破，强化顶层设计，帮助和指导企业立足自身，依靠创新促进改革发展，积极稳妥推进国企改革，做好深化改革的"加、减、乘、除"。"加"是对外以"引进增量，共赢发展"思路寻求战略合作方，增大企业体量和综合实力；对内狠抓项目建设，扩大有效投资，增加有效供给，运用多种手段加快转型升级。"减"是积极化解过剩产能，压缩管理层级，清理各种低效、无效资产，做好"僵尸企业"出清等，分类化解企业历史包袱和负担，排查和减少风险点，扎实做好提质增效和深化、环评准入、审批监管三项制度改革等工作。"乘"是积极推进股权多元化改革，力求在资本运作方面有新突破；同时通过体制机制创新，盘活存量资产，促进企业和上下游产业链之间的优势互补，力争实现放大效应。"除"是帮助企业争取融资政策、降低融资成本，化解债务风险、加大困难企业倒贷资金支持；指导企业从改进技术和工艺入手，优化资产结构，提高劳动生产率，降低企业运行成本和资产负债率。同时，随着《贵州省国资委监管企业产权制度改革三年行动计划》的不断深入，要支持各类社会资本通过参股、控股或并购等形式和途径参与监管企业产权制度改革。推动具有技术、管理、资本和资源等优势的企业通过合资、合作、收购、兼并等方式"走出去"，培育成为战略投资者，发展混合所有制，促进企业做优做强。推动有条件的企业改制上市，充分利用现有上市公司平台调整优化国有资本配置以及股权结构，打造优强上市公司，实现国有资本有序进退。贵州省要积极推进国有企业分类改革，结合不同国有企业在经济社会发展中的作用、现状和发展需要，将国有企业分为商业类和公益类。要推动商

业类国有企业进入市场竞争，按照市场化要求实行商业化运作，增强商业类国有企业经济活力。①

（二）融入国有企业新发展理念，增强国有企业经济稳健运行的内生动力

创新、协调、绿色、开放、共享新发展理念，将是贵州省国有企业发展的方向标，也将给国有企业的发展带来深刻变革。创新发展，将要求国有企业更高质量、更高效益地发展；协调发展，将使国有企业转型和升级更加均衡和环保，更加优化和包容；绿色发展，将促使国有企业不断进行技术创新和理念创新，加大技术改进投入，坚守生态底线；开放发展，意味着贵州省国有企业将更加开放，国有企业的发展最终是为了人的发展，是为了人民幸福的发展。因此，其发展将是健康、绿色、高新技术和环保的发展。贵州省国有企业要将中央提出的新发展理念，融入国有企业的发展进程中。贵州省要以落实中央"去产能、去库存、去杠杆、降成本、补短板"五大任务为重要举措，注重从供给端发力，不断提高发展效益和质量，大力推进供给侧结构性改革。坚持问题导向、目标导向和市场化方向，推动监管企业积极应对经济下行压力，全力以赴打好提质增效攻坚战，努力实现效益稳定增长和加快转型升级。要完善各类国有资产管理体制，建立健全现代财政制度、税收制度，改革并完善适应现代金融市场发展的金融监管框架，激发市场活力和社会创造力。②要培育发展新动力，优化劳动力、资本、土地、技术、管理等要素配置，激发企业创新活力，创造新供给，推动新技术、新产业、新业态蓬勃发展。③

---

① 《中共中央、国务院关于深化国有企业改革的指导意见》。
② 中国共产党第十八届中央委员会第五次会全会议，搜狐新闻，2015 年 10 月 29 日。
③ 中国共产党第十八届中央委员会第五次全体会议，搜狐新闻，2015 年 10 月 29 日。

（三）结合国有企业产权制度改革，科学界定国有企业社会责任的范畴

随着《贵州省国资委监管企业产权制度改革三年行动计划》的不断深入，贵州省国有企业将发生重组，国有资本布局明显优化，按照功能性、公共服务性、竞争性分类推进监管企业产权制度改革，形成3户功能性投资运营企业、2户公共服务性企业，大多数竞争性企业实现产权多元化的国有企业格局。因此，社会责任的履行将结合国有企业的属性进行有序推进。总体上看，在社会责任界定方面，以放大国有资本功能、实现国有资产保值增值为主要目标，以增加就业、保护生态环境、依法纳税等为社会责任界定的主要范畴。公益类国有企业以保障民生、服务社会、提供公共产品和服务为主要目标，同样要引入市场机制，提高公共服务效率和能力。对公益类国有企业，要以确保成本控制、产品服务质量、营运效率和保障能力为主。公益类国有企业应承担更多的社会责任，除严格控制成本、保障民生，提高产品服务质量、营运效率和保障能力之外，要更多地将社会责任纳入社会责任履行范畴。从增强国有企业经济运行的内生动力来看，要积极深化国有企业股权多元化改革。从深入推进国有企业改革重组来看，要根据国有资本布局结构调整要求和企业战略定位，支持大企业强强联合、优强联合，通过兼并重组方式组建跨行业、跨地区、跨所有制的大型企业集团，推动大企业整合中小企业，并购重组关停企业，盘活土地、厂房、设备等有效资产，有效增加就业岗位，打造特色优势服务，形成新的竞争优势。[1]

---

[1] 《关于国有企业功能界定与分类的指导意见》，百度百科。

（四）强化国有企业社会责任履职意识，凝聚以社会责任促企业发展共识

切实增强国有企业社会责任意识。在贵州省经济信息委员会大力支持下，在贵州省工业经济联合会的不懈努力下，贵州省国有企业社会责任意识日益增强，特别是在省委中心任务脱贫攻坚中，贵州省国有企业冲锋在前，勇于担当，用实际行动阐释了社会责任，为贵州省脱贫攻坚、同步小康目标任务奉献力量。由于社会责任履行仍处于初步发展阶段，中央在黔企业、贵州国资委监管企业相比地方国有企业履责较好，省直国有企业相对地州履责较好。究其原因，除各企业自身经营发展不均衡因素外，企业领导者社会责任意识是重要因素。省国资委和地方国资局等企业主管机构要加强对国有企业履行社会责任的引导作用，积极寻找适合国有企业履行社会责任的宣传方式，增强国有企业认同感和使命感。

切实增强以社会责任促企业发展共识。从历年社会责任报告发布会情况来看，参与发布的国有企业数量虽有增加，但比重仍然较小，且民营企业有上升趋势，社会责任仍未形成全省国有企业的发展共识。其原因除各企业自身面临经营发展困难、履责能力不足之外，对社会责任履行与企业发展的辩证关系缺乏全面认识也是关键。部分国有企业的领导和员工认为企业发展是首要，没有发展就无法履行社会责任，将社会责任履行建立在企业发展基础上，缺乏对两者的科学认识。据此，要有计划、有组织地对国有企业负责人进行社会责任知识培训，强化社会责任对经济效益的正相关关系，也就是说企业绝对不能以为履行了社会责任而影响自己的经济绩效；相反，企业履行了社会责任，会对经济绩效起到积极的促进和推动作用。要让更多的国有企业认识到，国有企业的经营发展是为社会更好地服务，社会共享服务对国有企业形成强大的推动力，双方是共赢的关系，社会责任履行

变成推动国有企业发展的新动力，让整个社会变成国有企业发展的无限推动力。

（五）健全社会责任履职体制机制，推动国有企业履职外生性动力

健全完善社会责任管理体制。建议在省政府层面成立国有企业社会责任领导小组，由分管企业的副省长任组长，国资委和经济信息化委员会主任任副组长，将国有企业党委书记和法人作为国有企业的重要组成人员，将办公室设在省经济信息化委员会，办公室主任由经济信息化委员会主任企业处处长担任，副主任由国资委企业管理处处长担任，以此成立专门机构和专人负责，加大社会责任管理力度和推进强度，使其规范化、制度化，以此形成强大合力。在国有企业内部，成立企业社会责任领导小组，将社会责任与企业发展同规划、同部署，下设独立机构，专职人员负责，将各个部门负责人纳入企业社会责任领导小组，员工是社会责任负责人，如销售部门负责产品质量保证，工会负责职工权益保护等。

进一步完善社会企业履行机制。将国有企业社会责任履行纳入目标绩效考核，国资委（局）应将国有企业社会责任纳入企业目标绩效考核范畴。引入第三方评价机制，组织由政府、工商、环保、安监、税务、纪委、学校、社会组织等机构组成的第三方评价机构，对企业社会责任履行情况进行科学合理评价。

（六）搭建国有企业社会责任"晾晒平台"，增强国有企业履职自信

整合利用好现有的贵州省企业社会责任网站，增加国有企业社会责任履行"晾晒平台"。对于有条件的企业，应该在门户网站增设社会责任"晾晒平台"栏目，完善"晾晒"内容；对于暂时尚未

开设门户网站的企业，应积极加快搭建网络平台，通过辖区政府网站、国资委（局）网站、企业信息发布栏等其他方式"晾晒"社会责任履行情况。将《贵州省企业履行社会责任的指导意见》规定的8个方面社会责任的内容全面向社会公开，省国资委组织社会评价机构，结合各个企业"晾晒"进行国有企业社会责任评价并公布评价结果。

四 2018年贵州省国有企业社会责任形势预测

2017年是贵州省脱贫攻坚最重要的一年，也是国有企业社会责任履职逐见成效的一年。随着全面小康社会步伐的加快，随着《贵州省国资委监管企业产权制度改革三年行动计划》的有效实施，2018年，对国有企业履行社会责任提出了更高要求。

（一）国有企业将保持平稳发展态势

当前全国经济正在平稳度过"三期叠加"，工业经济在消化、转型、换挡时期继续保持平稳增长的可能性较大，预计2018年全国经济将继续在"L"型线上运行。国家对贵州的支持持续给力，工业强省战略继续发力，全省上下发展工业充满动力，国内外的大环境对贵州国有企业发展提供有利条件。因此，国有企业将呈平稳发展态势。

（二）国有企业产权将呈现多元化趋向

随着贵州省国有企业产权制度改革的不断深入，贵州省国有企业将按照功能性、公共服务性、竞争性分类推进监管企业产权制度改革。功能性3户企业将以承担重要产业和关键领域投资、重要资源开发等全省重大专项任务为主要目标，打造成投资运营公司，提高产业集聚和资源整合能力。公共服务性企业 2 户，将以提供公共服务和公益性产品、实现社会效益为主要目标，加大国有资本投入，积极引导各类社会资本参与，提高公共服务能力，逐步引入社会评价机制。竞争性企业 15 户，将以市场为导向，以经济效益最大化为主要目标，积极引进战略投资者，加快推进产权多元化，大力发展混合所有制，提升企业活力和竞争力。参股企业 8 户，将积极协调配合控股股东加快推进产权制度改革，大力发展混合所有制，推动省属国有资本有序进退，不断增强企业活力和带动力。国有企业产权将呈现多元化趋势。

（三）国有企业社会责任履行的成效将更加突出

随着贵州省同步小康进程加快，国有企业在脱贫攻坚中的作用越发重要，从近七年贵州省国有企业社会责任履行的发展脉络来看，已经历了自愿履行发展到自觉履行再到必须履行三个不同阶段，国有企业是国民经济发展的中坚力量，是社会责任履行的"主力军"和"旗帜"。社会责任的履行方式由"输血式"向"造血式"转变，社会责任的履行真正成为社会效益、生态效益、经济效益的大融合。

（四）国有企业绿色发展意识将更加强烈

随着贵州省"三大战略"——大扶贫、大生态、大数据的深入实施，贵州省在守住生态与发展两条底线中，成为绿色发展的楷模和典范，环境保护的投入和技术创新将更加突出。

（五）国有企业社会责任的履行将更加规范

随着《贵州省企业履行社会责任星级评价实施办法》和《贵州

省企业履行社会责任组织管理办法》、《贵州省企业社会责任评价指标体系（实行）》等意见出台，贵州省国有企业履行社会责任将更加规范和科学。

参考文献

《贵州省国资委监管企业产权制度改革三年行动计划》，中国新闻网，2014 年 3 月 18 日。

《贵州省 2016 年工业经济运行情况及 2017 年预判》，贵州省统计局网，2017 年 2 月 16 日。

《2017 年贵州省人民政府工作报告》，多彩贵州新闻网，2017 年 2 月 13 日。

《贵州国有企业社会责任发展报告（2015～2016)》，社会科学文献出版社，2016。

分　报　告

Sub - report

B.2
国有工业企业经济发展
主要指标分析报告

刘舜青　林　俐*

摘　要：　面对错综复杂的国内外经济发展环境，贵州省国有工业企业和国有控股工业企业，积极适应新常态，坚持以提高质量和效益为中心，深入推进供给侧结构性改革，2016年在工业增加值、资产保值增值、税收等主要经济发展指标上都取得了较好的业绩，为贵州经济社会平稳、持续、健康发展做出了重要贡献。

关键词：　国有工业企业　经济指标　分析报告

---

* 刘舜青，贵州省社会科学院副研究员；林俐，贵州省社会科学院副研究馆员。

2016 年是"十三五"开局之年，也是推进供给侧结构性改革的攻坚之年，更是我国全面建成小康社会决胜阶段的开局之年。全省各族人民、各个部门在省委、省政府的领导下，面对国内稳定、改革、创新和发展的艰巨任务，积极适应新常态，把握新形势，以深入实施供给侧结构性改革为主线，强力推进大扶贫、大数据两大战略行动，积极做大做强大数据、大旅游、大生态"三块长板"，加快创新转型升级，坚持在稳增长、促改革、调结构、惠民生上不断推进改革，持续发力，保证了贵州省经济社会的平稳、健康发展，并呈现了较好的发展态势和社会预期，为实现"十三五"的发展目标奠定了良好的基础。

2016 年贵州省全年完成地区生产总值 11734.43 亿元，较上年增长 10.5%，经济增速达到两位数，并且连续六年居全国前三位，其中第一产业实现增加值 1846.54 亿元，增长 6.0%；第二产业实现增加值 4636.74 亿元，增长 11.1%；第三产业实现增加值 5251.15 亿元，增长 11.5%。人均地区生产总值 33127 元，比 2015 年增加 3280元。在 31 个省份中，贵州省地区生产总值排名由 2015 年的第 25 位升至第 21 位，经济发展成效显著。

第二产业尤其是工业的发展水平对一个区域经济发展发挥着重要作用，更是地方 GDP 和财政收入的重要支撑。因此进入"十三五"后，贵州省仍然重视和充分发挥工业企业的作用，通过保投资、调结构、稳增长等措施，积极推进工业企业不断发展。2016 年贵州省 500万元口径工业投资完成 3076.5 亿元，同比增长 12%，其中电力产业、煤炭产业、化工产业、装备制造业、冶金产业、有色产业、建材产业、烟酒产业、新兴产业以及民族制药和特色食品（旅游商品）产业等十大产业项目共完成投资 2473.2 亿元，占工业投资的80.4%。"2016 年，全省规模以上工业增加值 4032.11 亿元，比上年增长 9.9%，增速高于全国水平（6.0%）3.9 个百分点，工业增速连续保持全国前三位。"① 重点行业稳定增长，产业结构持续优化，以计算机、通信和其他电子设备制造业等大数据电子信息、大健康医药等为主的医药制造业等新兴产业为代表的工业保持较快增长势头，其中"以大数据为引领的计算机、通信和其他电子设备制造业增加值93.38亿元，同比增长66.6%。大健康医药中的医药制造业增加值126.57亿元，同比增长12.3%"。② 传统白酒产业、装备制造业和电力产业平稳增长，有色金属和化工产业持续回升，但煤炭和建材产业下行压力仍然很大。

国有企业代表着中国经济的发展方向，是国家推动和深化企业改革、引导和调控经济社会发展的重要力量，因此深入推进国有企业改革，坚持以市场需求为导向，大力实施国有企业的创新驱动发展战略，积极推动国有企业产业转型升级和提质增效，不断增强企业的经济活力和抗风险能力，不仅仅是国有企业的政治责任、社会责任，同时也是国有企业应该承担的经济责任。根据课题要求，本文主要对贵州省规模以上国有工业企业和国有控股工业企业的主要经济发展指标分别进行分析和评价。

一 主要经济发展指标

1. 国有工业企业

（1）企业数和总产值。2016年贵州省规模以上工业企业数保持了较快的增长速度，达到5123个，比2015年的4482个增加了641个，增长14.30%，但规模以上国有工业企业却由2015年的161个减少到142个，其在规模以上工业企业数所占的比重也由2015年的3.6%降低到2.8%，减少了0.8个百分点（见表1）。

---

① 2016年贵州工业产业发展概况：贵州省经济和信息化委员会，2017年1月25日。
② 2016年贵州工业产业发展概况：贵州省经济和信息化委员会，2017年1月25日。

表1　规模以上国有工业企业数

单位：个，%

指标	2015 年	2016 年	增加个百分点
全省规模以上工业企业	4482	5123	641
其中:规模以上国有工业企业	161	142	−19
比重	3.6	2.8	−0.8

资料来源:《贵州统计年鉴》，2017。

贵州省规模以上国有工业企业总产值在全省规模以上工业企业总产值中所占的比重下降。2016 年贵州省规模以上工业企业总产值 11877.28 亿元，其中规模以上国有工业企业总产值 871.18 亿元，占 7.3%，比 2015 年的 13.8% 减少了 6.5 个百分点，降幅比较大（见表2）。

表2　规模以上国有工业企业总产值

单位：亿元，%

指标	2015 年	2016 年
全省规模以上工业企业	10793.22	11877.28
其中:规模以上国有工业企业	1489.23	871.18
比重	13.8	7.3

资料来源:《贵州统计年鉴》，2017。

（2）主要经济指标。2015 年规模以上工业企业的工业增加值达到 3542.03 亿元，其中国有工业企业工业增加值 730.27 亿元，增长 8.4%，其比重由 2015 年的 20.6% 提高到 2016 年的 21.6%，增加了 1 个百分点。2016 年规模以上国有工业企业的资产合计、主营业务收入占全省规模以上工业企业的比重分别为 7.4%、7.6%，比 2015 年的 17.2%、13.7% 分别减少了 9.8 个、6.1 个百分点，下降幅度都比较大。

从贵州省规模以上国有工业企业提供的利税总额和利润总额来看，2016 年在全省的比重是大幅下降。2015 年贵州省国有工业企业的利税总额和利润总额分别是 380.47 亿元和 251.28 亿元，分别占 26.0% 和 34.3%，2016 年上述两个指标分别减少到 46.87 亿元和 12.62 亿元，在规模以上工业企业中的比重分别降至 2.9% 和 1.5%（见表3）。

表3 规模以上国有工业企业主要经济指标

单位：亿元，%

年份	指标	工业增加值	资产合计	主营业务收入	利税总额	利润总额
2015	全省	3542.03	13540.06	9876.81	1460.84	732.76
	国有工业企业	730.27	2326.08	1357.08	380.47	251.28
	比重	20.6	17.2	13.7	26.0	34.3
2016	全省	4032.11	14319.98	11172.44	1625.14	847.02
	国有工业企业	871.18	1059.55	849.19	46.87	12.62
	比重	21.6	7.4	7.6	2.9	1.5

资料来源：《贵州统计年鉴》，2017。

（3）销售产值。2016 年贵州省规模以上工业企业销售产值达到 11550.45 亿元，其中内资企业为 11255.48 亿元，占 97.45%。2016 年贵州省规模以上工业企业出口交货值达到 181.99 亿元，其中内资企业为 168.88 亿元，占 92.8%，与 2015 年相比，内资企业的销售产值比重略有提高，但出口交货值却减少了 4.2 个百分点。有限责任公司和私营企业的稳定增长保证了内资企业销售产值的小幅增长。

从国有企业来看，2016 年规模以上工业企业的销售产值和出口交货值分别为 851.78 亿元和 0.54 亿元，在全省规模以上工业企业中的比重分别是 7.4% 和 0.3%，分别比 2015 年的 9.1% 和 15.9% 减少了 1.7 个和 15.6 个百分点，其中出口交货值下降幅度较大。

从中央企业和地方企业来看，2016 年中央企业的销售产值和出口交货值分别为 569.32 亿元和 0.52 亿元，在全省的比重分别是 4.9% 和 0.3%，均高于 2015 年。而地方工业企业的销售产值和出口交货值的数额均表现为下降，其比重与 2015 年相比也是大幅减少（见表 4）。

表 4　规模以上国有工业企业销售产值

单位：亿元，%

类　　别		2015 年		2016 年	
		销售产值	出口交货值	销售产值	出口交货值
全　　省		9821.08	140.15	11550.45	181.99
内资企业	总额	9456.51	135.92	11255.48	168.88
	占全省的比重	96.3	97.0	97.45	92.8
国有企业	总额	891.66	22.28	851.78	0.54
	占全省的比重	9.1	15.9	7.4	0.3
中央企业	总额	160.48	0.05	569.32	0.52
	占全省的比重	1.6	0.0	4.9	0.3
地方企业	总额	731.18	22.23	282.47	0.02
	占全省的比重	7.5	15.9	2.5	—
集体企业	总额	17.96	—	17.78	—
	占全省的比重	0.2	—	0.2	—
股份合作企业	总额	15.33	—	21.55	—
	占全省的比重	0.2	—	0.2	—
联营企业	总额	1.74	—	0.79	—
	占全省的比重	0.0	—	0.0	—
有限责任公司	总额	4721.79	78.46	5737.85	102.76
	占全省的比重	48.1	56.0	49.7	56.5
股份有限公司	总额	652.81	21.67	747.32	18.16
	占全省的比重	6.7	15.5	6.5	10.0
私营企业	总额	3126.38	13.51	3856.63	47.42
	占全省的比重	31.8	9.6	33.4	26.1
其他企业	总额	28.82	—	21.77	—
	占全省的比重	0.3	—	0.2	—

资料来源：《贵州统计年鉴》，2017。

2．国有控股工业企业

（1）企业数及总产值。2016 年贵州省规模以上国有控股工业企业单位数 554 个，尽管比 2015 年增加了 29 个，但国有控股工业企业的增幅低于全省水平，所以其在全省所占的比重仍然是逐年下降的，但减幅放缓，由 2015 年的 11.7% 降到 10.8%，仅减少了 0.9 个百分点（见表 5）。

表 5 规模以上国有控股工业企业数

单位：个，%

指标	年份	
	2015	2016
全省规模以上企业	4482	5123
其中:国有控股工业企业	525	554
国有控股工业企业比重	11.7	10.8

资料来源:《贵州统计年鉴》，2017。

从规模以上国有控股工业企业的分布来看，按轻重工业分，2016 年轻工业和重工业分别增加了 13 个和 16 个，增长幅度分别为 18.8% 和 3.5%，轻工业增幅较大。

从企业规模来看，小型、微型企业表现出强劲的增长势头，单位数分别增加了 54 个和 5 个，小型企业增幅较大，达到 29.2%。而大型企业和中型企业数分别减少了 10 个和 20 个，大型企业数减幅较大。

从工业行业来看，采矿业和制造业单位数都相对比较稳定，分别增加了 1 个和减少了 4 个，而电力、燃气及水的生产和供应业单位数发展较快，由 2015 年的 186 个增加到 2016 年的 218 个，增加了 32 个，增幅达到 17.2%，是近几年来增长最快的一年（见表 6）。

表6 规模以上国有控股工业企业分布情况

单位：个，%

指 标	2015 年	2016 年	增加	变化幅度
全省总计	525	554	29	5.5
按轻重工业分				
轻工业	69	82	13	18.8
重工业	456	472	16	3.5
按企业规模分				
大型企业	67	57	-10	-14.9
中型企业	247	227	-20	-8.1
小型企业	185	239	54	29.2
微型企业	26	31	5	19.2
按工业行业分				
采矿业	80	81	1	1.3
制造业	259	255	-4	-1.5
电力、燃气及水的生产和供应业	186	218	32	17.2

资料来源：《贵州统计年鉴》，2017。

2016 年贵州省规模以上国有控股工业企业总产值达到 11877.28 亿元，在贵州省规模以上工业企业总产值中的占比超过了1/3，但与 2015 年相比，减少了 3.9 个百分点，其降幅与往年大体持平（见表7）。

表7 规模以上国有控股工业企业总产值

单位：亿元，%

指标	2015 年	2016 年
全省规模以上企业	10793.22	11877.28
其中:国有控股工业企业	4156.73	4111.19
比重	38.5	34.6

资料来源：《贵州统计年鉴》，2017。

（2）主要经济指标。2016 年贵州省规模以上国有控股工业企业的主要经济发展指标有升有降。

从工业增加值来看，2016 年贵州省规模以上国有控股工业企业实现工业增加值 1725.22 亿元，同比增长 7.5%，但比全省规模以上工业企业增长速度 13.8% 低 6.3 个百分点，其比重也由 2015 年的 45.3% 降到 42.8%，减少了 2.5 个百分点。

从资产合计来看，2016 年贵州省规模以上国有控股工业企业达到 8717.81 亿元，占全省规模以上工业企业的 60.9%，较 2015 年的 59.5% 增加了 1.4 个百分点。

2016 年国有控股工业企业的主营业务收入 3976.59 亿元，低于 2015 年的 4002.84 亿元，其在全省中的占比也由 2015 年的 40.5% 降到 35.6%，减少了 4.9 个百分点，也是首次降到四成以下。

2016 年规模以上国有控股工业企业的利税总额和利润总额分别达到了 867.36 亿元和 375.90 亿元，虽然比 2015 年都有所增长，但增幅较小，其比重也由 2015 年的 56.8%、50.4% 分别下降到 53.4% 和 44.4%，分别减少了 3.4 个和 6 个百分点（见表 8）。

表 8　规模以上国有控股工业企业主要经济指标

单位：亿元，%

年份	指标	工业增加值	资产合计	主营业务收入	利税总额	利润总额
2015	全省	3542.03	13540.06	9876.81	1460.84	732.76
	国有控股	1604.86	8062.82	4002.84	829.95	369.13
	比重	45.3	59.5	40.5	56.8	50.4
2016	全省	4032.11	14319.98	11172.44	1625.14	847.02
	国有控股	1725.22	8717.81	3976.59	867.36	375.90
	比重	42.8	60.9	35.6	53.4	44.4

资料来源：《贵州统计年鉴》，2017。

（3）各类型企业的经济发展指标。资料显示，与2015年相比，2016年各类型国有控股工业企业表现不一。按轻、重工业分，轻、重工业总产值分别达到993.45亿元和3117.74亿元，轻工业增加了5.5%，重工业则减少了3.0%；按企业规模分，大型企业、小型企业和微型企业分别减少了3.8%、11.9%和45.4%，中型企业则增加了9.5%；按工业行业分，采矿业和制造业分别增加了3.3%和1.0%，而电力、燃气及水的生产和供应业则减少了6.1%（见表9）。

表9　规模以上国有控股工业企业总产值分布情况

单位：亿元，%

年份	按轻重工业分		按企业规模分				按工业行业分		
	轻工业	重工业	大型企业	中型企业	小型企业	微型企业	采矿业	制造业	电力、燃气及水的生产和供应业
2015	941.23	3215.50	2647.24	1151.53	323.39	34.57	419.21	2379.05	1358.46
2016	993.45	3117.74	2546.23	1261.18	284.90	18.88	432.87	2402.11	1276.18
增幅	5.5	-3.0	-3.8	9.5	-11.9	-45.4	3.3	1.0	-6.1

资料来源：《贵州统计年鉴》，2017。

从资产合计来看，2016年国有控股工业企业资产总额轻、重工业分别达到了2017.77亿元和6700.04亿元，均高于2015年，其中轻工业增幅大，达到了26.7%；按企业规模分，只有微型企业是负增长，大型企业、中型企业和小型企业则分别增长了3.1%、18.2%和19.0%，其中，中型企业和小型企业增幅较大；按工业行业分，采矿业小幅减少，制造业和电力、燃气及水的生产和供应业则分别增长了10.7%和7.5%（见表10）。

表 10　规模以上国有控股工业企业资产分布情况

单位：亿元，%

年份	按轻重工业分		按企业规模分				按工业行业分		
	轻工业	重工业	大型企业	中型企业	小型企业	微型企业	采矿业	制造业	电力、燃气及水的生产和供应业
2015	1592.20	6470.62	5308.16	2124.98	562.40	67.28	1034.32	4123.38	2905.12
2016	2017.77	6700.04	5473.33	2511.22	669.12	64.14	1029.30	4565.58	3122.95
增幅	26.7	3.5	3.1	18.2	19.0	-4.7	-0.5	10.7	7.5

资料来源：《贵州统计年鉴》，2017。

从主营业务收入来看，按轻、重工业分，2016 年国有控股工业企业的轻工业较 2015 年增长了 6.6%，重工业则减少了 2.7%；按企业规模分，大型企业和中型企业都小幅增长，分别增加了 1.0% 和 1.3%，而小型企业和微型企业则分别下降了 15.5% 和 57.6%；按工业行业分，2016 年电力、燃气及水的生产和供应业减少了 6.0%，采矿业和制造业分别增长 1.2% 和 1.9%，表现比较稳定（见表 11）。

表 11　规模以上国有控股工业企业主营业务收入

单位：亿元，%

年份	按轻重工业分		按企业规模分				按工业行业分		
	轻工业	重工业	大型企业	中型企业	小型企业	微型企业	采矿业	制造业	电力、燃气及水的生产和供应业
2015	883.23	3119.61	2608.99	1051.83	309.90	32.11	334.11	2392.76	1275.97
2016	941.15	3035.44	2635.74	1065.51	261.73	13.61	338.18	2438.52	1199.87
增幅	6.6	-2.7	1.0	1.3	-15.5	-57.6	1.2	1.9	-6.0

资料来源：《贵州统计年鉴》，2017。

从国有控股工业企业实现的利税来看，按轻、重工业分，2016年轻、重工业分别增长5.0%和3.1%，轻工业略高于重工业；按企业规模分，大型企业和中型企业分别增加了2.7%和0.3%，而小型企业和微型企业分别减少了4.2%和61.5%，微型企业降幅最大；按工业行业分，采矿业和制造业分别增加了89.9%和4.8%，采矿业大幅增长，电力、燃气及水的生产和供应业则减少了11.1%（见表12）。

从规模以上国有控股工业企业提供的利润来看，轻工业增长5.3%，重工业减少7.9%；大型企业和中型企业分别增长2.7%和28.9%，小型企业和微型企业变动幅度大，分别减少33.8%和49.2%；2016年采矿业扭亏为盈，实现利润8.06亿元，较2015年增长245.5%，制造业增长3.3%，电力、燃气及水的生产和供应业则减少27.6%。

表12　规模以上国有控股工业企业利税、利润总额

单位：亿元，%

指标	年份	按轻重工业分		按企业规模分				按工业行业分		
		轻工业	重工业	大型企业	中型企业	小型企业	微型企业	采矿业	制造业	电力、燃气及水的生产和供应业
利税	2015	611.45	218.50	712.57	83.97	30.99	2.42	20.23	686.05	123.67
	2016	642.01	225.35	731.77	104.96	29.69	0.93	38.41	719.00	109.95
	增幅	5.0	3.1	2.7	0.3	-4.2	-61.5	89.9	4.8	-11.1
利润	2015	272.80	96.33	304.78	34.95	27.41	1.99	-5.54	310.28	64.39
	2016	287.18	88.72	313.09	43.65	18.15	1.01	8.06	320.60	47.24
	增幅	5.3	-7.9	2.7	28.9	-33.8	-49.2	245.5	3.3	-27.6

资料来源：《贵州统计年鉴》，2017。

二 经济效益指标

1. 国有企业

（1）产值利税率。2016 年贵州省规模以上工业企业产值利税率比 2015 年有所提高，由 13.5% 增加到 13.7%，增加了 0.2 个百分点。

从内资企业来看，2016 年产值利税率达到了 13.6%，也比 2015 年提高了 0.1 个百分点。但是从国有企业来看，2016 年规模以上国有企业的产值利税率仅为 5.4%，比 2015 年的 25.5% 减少了 20.1 个百分点，下降幅度相当地大。从中央和地方企业来看，2016 年贵州省规模以上工业企业的产值利税率也都是下降的，尤其是地方企业的产值利税率，由 2015 年的 46.9% 降低到 9.7%，减少了 37.2 个百分点（见表 13）。

在内资企业中，2016 年贵州省规模以上工业企业只有集体企业、股份合作企业和有限责任公司的产值利税率是提高的。

表 13　规模以上国有企业产值利税率

单位：%，个百分点

年份	2015	2016	增加
全省总计	13.5	13.7	0.2
内资企业	13.5	13.6	0.1
国有企业	25.5	5.4	−20.1
中央企业	3.5	3.2	−0.3
地方企业	46.9	9.7	−37.2
集体企业	−0.3	4.6	4.9
股份合作企业	24.1	26.0	1.9
联营企业	26.7	11.4	−15.3
有限责任公司	12.5	17.8	5.3
股份有限公司	12.0	11.6	−0.4
私营企业	9.9	9.7	−0.2
其他企业	14.0	9.6	−4.4

资料来源：《贵州统计年鉴》，2017。

（2）资金利税率。2016 年贵州省规模以上工业企业的资金利税率较 2015 年提高了 0.2 个百分点，内资企业同步增长，而同期全省规模以上国有企业的资金利税率大幅下降，由 2015 年的 21.8% 下降到 3.4%，减少了 18.4 个百分点，中央企业和地方企业也是双双下降，分别减少了 1 个和 32.4 个百分点，地方企业下降幅度大。

内资企业中的联营企业、股份合作企业和集体企业大幅增长，有限责任公司和私营企业小幅增长，股份有限公司持平，其他企业则小幅下降（见表14）。

表 14　规模以上国有企业资金利税率

单位：%，个百分点

年份	2015	2016	增加
全省总计	14.9	15.1	0.2
内资企业	14.9	15.1	0.2
国有企业	21.8	3.4	- 18.4
中央企业	3.3	2.3	- 1.0
地方企业	37.3	4.9	- 32.4
集体企业	- 0.8	10.6	11.4
股份合作企业	30.8	46.7	15.9
联营企业	13.6	31.5	17.9
有限责任公司	11.5	16.4	4.9
股份有限公司	10.2	10.2	0
私营企业	21.1	21.8	0.7
其他企业	16.7	15.1	- 1.6

资料来源：《贵州统计年鉴》，2017。

（3）销售利税率。2016 年贵州省规模以上工业企业的销售利税率是 14.5%，比 2015 年的 14.8% 减少了 0.3 个百分点，内资企业同步下降。

2016 年国有规模以上工业企业的销售利税率只有 5.5%，与 2015 年的 28% 相比大幅下降。其中，中央企业小幅下降，而地方企业下降幅度较大，由 2015 年的 53.1% 降低到 10.6%，减少了 42.5 个百分点。

从其他类型企业来看，企业的销售利税率仅有有限责任公司和集体企业是上升的，其他企业均是下降的（见表 15）。

表 15　规模以上国有企业销售利税率

单位：%，个百分点

年份	2015	2016	增加
全省总计	14.8	14.5	-0.3
内资企业	14.8	14.5	-0.3
国有企业	28.0	5.5	-22.5
中央企业	3.8	3.1	-0.7
地方企业	53.1	10.6	-42.5
集体企业	-0.3	5.1	5.4
股份合作企业	32.4	31.8	-0.7
联营企业	26.8	11.7	-15.1
有限责任公司	13.0	18.9	5.9
股份有限公司	15.5	14.5	-1.0
私营企业	11.2	10.0	-1.2
其他	17.0	12.7	-4.3

资料来源：《贵州统计年鉴》，2017。

2. 国有控股工业企业

（1）产值利税率。2016 年贵州省规模以上工业企业产值利税率为 13.7%，比 2015 年的 13.5% 增加了 0.2 个百分点。同期国有控股工业企业产值利税率是 21.1%，比 2015 年增加了 1.1 个百分点，高于全省平均水平。

从不同企业来看，按轻、重工业分，2016 年轻工业产值利税率为 64.6%，比 2015 年的 65.0% 低 0.4 个百分点，2016 年重工业产值利税率为 7.2%，比 2015 年的 6.8% 高 0.4 个百分点，重工业略有提高。

按企业规模分，2016 年各类型企业的产值利税率也是有升有降，其中大型企业、中型企业和小型企业分别上升了 1.8 个、1 个和 0.8 个百分点，而微型企业则减少了 2.1 个百分点。

按工业行业来分，2016 年采矿业产值利税率提高幅度较大，由 2015 年的 4.8% 提高到 8.9%，增加了 4.1 个百分点。制造业增加了 1.1 个百分点，电力、燃气及水的生产和供应业的产值利税率由 2016 年的 9.1% 降至 8.6%，减少了 0.5 个百分点（见表 16）。

表 16 规模以上国有控股工业企业产值利税率

单位：%，个百分点

年份	2015	2016	增加
全省规模以上企业	13.5	13.7	0.2
国有控股工业企业	20.0	21.1	1.1
按轻重工业分			
轻工业	65.0	64.6	-0.4
重工业	6.8	7.2	0.4
按企业规模分			
大型企业	26.9	28.7	1.8
中型企业	7.3	8.3	1
小型企业	9.6	10.4	0.8
微型企业	7.0	4.9	-2.1
按工业行业分			
采矿业	4.8	8.9	4.1
制造业	28.8	29.9	1.1
电力、燃气及水的生产和供应	9.1	8.6	-0.5

资料来源：《贵州统计年鉴》，2017。

（2）资金利税率。2016 年贵州省规模以上工业企业资金利税率为 15.1%，比 2015 年提高了 0.2 个百分点，但国有控股工业企业的资金利税率却只有 13.2%，较上年减少了 0.5 个百分点，差距进一步拉大。2016 年国有控股轻、重工业的资金利税率分别是 42.5% 和 4.4%，与 2015 年相比，分别减少了 7.8 个和 0.1 个百分点，轻工业降幅较大。

从企业规模来看，2016 年国有控股工业企业的资金利税率只有中型企业是提高的，由 2015 年的 5.1% 上升到 5.6%，增加了 0.5 个百分点，大型企业、小型企业和微型企业的资金利税率则分别降低了 0.4 个、1.8 个和 3.5 个百分点。

从工业行业来看，只有采矿业的资金利税率是提高的，由 2015 年的 3.6% 上升到 6.8%，增加了 3.2 个百分点，同期制造业和电力、燃气及水的生产和供应业的资金利税率则分别减少了 1.0 个、1.1 个百分点（见表 17）。

表 17 规模以上国有控股工业企业资金利税率

单位：%，个百分点

年份	2015	2016	增加
全省规模以上企业	14.9	15.1	0.2
国有控股工业企业	13.7	13.2	-0.5
按轻重工业分			
轻工业	50.3	42.5	-7.8
重工业	4.5	4.4	-0.1
按企业规模分			
大型企业	17.8	17.4	-0.4
中型企业	5.1	5.6	0.5
小型企业	8.3	6.5	-1.8
微型企业	5.2	1.7	-3.5
按工业行业分			
采矿业	3.6	6.8	3.2
制造业	21.3	20.3	-1.0
电力、燃气及水的生产和供应业	5.5	4.4	-1.1

资料来源：《贵州统计年鉴》，2017。

（3）销售利税率。2016 年贵州省规模以上工业企业销售利税率为 14.5%，比 2015 年减少了 0.3 个百分点，但国有控股工业企业却由 2015 年的 20.7% 上升到 21.8%，增加了 1.1 个百分点。

从不同类型企业来看，轻工业由 2015 年的 69.2% 降至 68.2%，减少了 1 个百分点，重工业由 7.0% 提高到 7.4%，增加了 0.4 个百分点。

从企业规模来看，大型企业、中型企业和小型企业的销售利税率都略有提高，分别增加了 0.5 个、1.9 个和 1.3 个百分点，微型企业则减少了 0.7 个百分点。

从行业来看，采矿业的销售利税率上升幅度较大，由 2015 年的 6.1% 提高到 2016 年的 11.4%，增加了 5.3 个百分点，制造业也增加了 0.8 个百分点，电力、燃气及水的生产和供应业的销售利税率则由 2015 年的 9.7% 降至 2016 年的 9.2%，减少了 0.5 个百分点（见表 18）。

表 18　规模以上国有控股工业企业销售利税率

单位：%，个百分点

年份	2015	2016	增加
全省规模以上企业	14.8	14.5	−0.3
国有控股工业企业	20.7	21.8	1.1
按轻重工业分			
轻工业	69.2	68.2	−1.0
重工业	7.0	7.4	0.4
按企业规模分			
大型企业	27.3	27.8	0.5
中型企业	8.0	9.9	1.9
小型企业	10.0	11.3	1.3
微型企业	7.5	6.8	−0.7
按工业行业分			
采矿业	6.1	11.4	5.3
制造业	28.7	29.5	0.8
电力、燃气及水的生产和供应业	9.7	9.2	−0.5

资料来源：《贵州统计年鉴》，2017。

三 小结

综上所述，2016 年贵州省保持了稳定增长的良好发展态势，贵州省工业大体上显示了以下特点。

一是保持了较快的增长速度。2016 年贵州省紧紧守住发展和生态两条底线，以供给侧改革为主线，强力推进大扶贫、大数据"两大战略"行动，因此尽管面临各种困难，仍然坚持以提高发展质量和效益为中心，使贵州经济保持了一个平稳、较快的增长速度，2016年贵州省地区生产总值达到 11734.43 亿元，比上年增长 10.5%，其中规模以上工业企业达到 5047 户，比 2015 年末净增 565 户。2016 年规模以上工业增加值 4032.11 亿元，比上年增长 9.9%。其中"国有企业增加值 720.34 亿元，增长 8.4%，占规模以上工业增加值的比重为 17.9%"。

二是结构优化成效显著。贵州省的烟草制品业，酒、饮料和精制茶制造业等传统行业以及电力、燃气及水的生产和供应业等稳步增长，计算机、通信和其他电子设备制造业，汽车制造业，医药制造业等新兴产业快速增长，其中计算机和通信分别比上年增长 66.6%、38.4%，实现"高技术产业增加值 272.58 亿元，比上年增长27.2%，占规模以上工业增加值的比重为 6.8%"。[①]

三是特色产业增长稳定。贵州省大力实施"做强品牌、提升品质、优化品种"三品工程，重点打造和提升以老干妈、黔五福、贵州三宝等品牌影响力为主的全国性品牌特色食品，积极助推"黔货出山"。2016 年贵州省特色食品产业实现工业增加值 212.8 亿元，比

---

① 贵州统计局、国家统计局贵州调查总队：《2016 年贵州省国民经济和社会发展统计公报》，2017 年 3 月 22 日。

2015年增长19.3%，在全省规模以上工业企业的增加值占比达到5.3%，较2015年提高了近1个百分点。老干妈、贵州好彩头等企业基本实现零库存。

四是工业投资重点突出。2016年贵州省共完成固定资产投资12929.17亿元，比上年增长21.1%，其中工业企业投资3076.50亿元，比上年增长12.0%，占固定资产投资比重的23.8%。工业投资中制造业共投资2019.23亿元，增长12.5%。其中"租赁和商务服务业、科学研究和技术服务业、生物制药等新兴产业投资分别比上年增长70.2%、47.5%、26.1%"。①

从国有工业企业来看，主要表现出以下特点。

一是国有企业数占比持续减少。2015年规模以上工业企业增加641个，增幅14.3%，但国有企业却减少了19个，减少11.8%，占比只有2.8%，较上年减少0.8个百分点。国有控股工业企业数虽然比上年增加了29个，但仅增长5.5%，其占比只有10.8%，也比2015年减少了0.9个百分点。

二是国有工业企业主要经济指标增速放缓。2015年贵州省地区生产总值和规模以上工业企业增长速度分别为10.5%和9.9%，而国有工业企业和国有控股工业企业却分别为8.4%和5.2%，均低于全省平均水平，其结果是国有企业的主要发展指标比重呈下降趋势。2015年贵州省规模以上国有工业企业的工业增加值、资产合计、主营业务收入和销售产值等在规模以上工业企业中的比重分别为20.6%、17.2%、13.7%、9.1%，与2016年相比，除工业增加值达到21.6%提高了1个百分点外，其他指标则分别下降到7.4%、7.6%和7.4%；国有控股工业企业的工业增加值、主营业务收入在

① 贵州统计局、国家统计局、贵州调查总队：《2016年贵州省国民经济和社会发展统计公报》，2017年3月22日。

规模以上工业企业中的比重分别由 2015 年的 45.3%、40.5% 减少到 42.8% 和 35.6%，利税指标下降幅度较大。

三是深化改革促进企业提质增效。贵州省国资委根据《国务院国资委关于做好 2016 年国有企业提质增效工作的通知》及相关文件精神，制定和下发了《贵州省国资委关于做好 2016 年监管企业提质增效工作方案》、《省国资委监管企业提质增效方案指导目录》等相关文件，围绕供给侧结构性改革促进提质增效，也取得了较好的业绩。"27 户监管企业实现营业收入 2820.5 亿元，同比增长 15.3%；利润总额 280.3 亿元，同比增长 11.9%；生产总值 886 亿元，同比增长 12.5%；上缴税金 316.7 亿元，同比增长 22.6%。"[1] 其中净资产收益率 11.8%，在全国排位第一。全面落实国有资产保值增值责任，2016 年贵州省国资监管企业的国有资产保值增值率达 110.2%。

四是大力推进国企改革。2016 年国有企业扎实推进"十项改革试点"，积极快速完善现代企业制度建设，加大企业重组整合力度。如国资委促使形成了《贵州省国资委绿地控股集团股东工作协商会谈备忘录》，开磷集团也与贵阳银行、华创证券成功牵手，另外通过混合所有制改革，积极推进在茅台集团、产投集团、瓮福集团、七冶公司等企业组建设立一批有潜力和活力的子公司，"通过化解一批过剩产能、推进一批重点项目建设、培育一批新生动能、开拓一批新兴市场"，[2] 进一步提高企业产品和服务供给质量，深入推进企业转型发展、创新发展，加大对重点企业的监管力度，建立进入上市（挂牌）企业后备资源库。

---

① 《贵州加快国企改革今年推进公司制股份制改革》，《上海证券报·中国证券网（上海）》，2017 年 1 月 26 日。

② 贵州统计局、国家统计局、贵州调查总队：《2016 年贵州省国民经济和社会发展统计公报》，2017 年 3 月 22 日。

五是积极鼓励企业实施技术改造项目。国有企业通过加快推动企业产业转型升级和产品更新换代的技术改造项目，积极推动制造业与互联网、信息技术的深度融合发展，拓展经济发展新空间，使传统产业向高端化、智能化、绿色化、服务化转型发展，为新型生产方式和产业业态发展创造条件，支持有条件的企业进入贵州省"千企改造"项目。支持监管企业结合自身实际加快发展前瞻性、战略性新兴产业，积极参与贵州省正在实施的"五大"新兴产业等项目合作，目前有多家监管企业项目列入省发改委的重大项目库。

目前是中国供给侧结构性改革与经济转型升级的关键期，掌握着国民经济命脉的国有企业在推进改革和创新发展中扮演着十分重要的角色，在经济调整过程中发展指标出现一定波动是不可避免的。但是我们也应该看到，随着改革的不断深入，一些指标下滑的趋势正在扭转，国企改革红利正在逐步释放，效益恢复性增长的目标已初步实现，国有企业改革正在向"有利于国有资本保值增值，有利于提高国有经济竞争力，有利于放大国有资本功能"的目标推进。

参考文献

《贵州省 2016 年国民经济和社会发展计划执行情况与 2017 年国民经济和社会发展计划草案的报告》，《贵州日报》2017 年 2 月 8 日。

国家统计局：《中华人民共和国 2016 年国民经济和社会发展统计公报》，2017 - 02 - 28，http：//www.stats.gov.cn/tjsj/zxfb/201702/t20170228_1467424.html。

《贵州国资委上半年努力做好提质增效工作，贵州省国资委》，2016 年 9 月 9 日。

《2016 年 1~12 月全国国有及国有控股工业企业经济运行情况》，财政部网站，2017 年 1 月 26 日。

《贵州：啃下改革硬骨头打赢国企攻坚战》，《贵州日报》2017 年 1 月 29 月。

《习近平两月内多次"吹风"透露国企改革"硬标准"》，中国新闻网，2015 年 7 月 22 日。

《中共中央、国务院关于深化国有企业改革的指导意见》，新华网，2015 年 9 月 13 日。

B.3
贵州省国有企业生态责任报告

许　峰*

摘　要： 2016 年，贵州省国有企业继续积极履行生态责任，着力推进供给侧结构性改革，从生产、经营活动的每个细节入手，全方位全环节开展环保治理。在原材料采购环节，坚持绿色采购，对供应商提出明确的环保要求；在生产加工环节，淘汰资源利用率低的生产设备，改进落后的生产工艺，积极开展环保生产的技术革新和创新；在经营活动中，积极推行无纸化办公、低碳出行；在产品和包装的设计环节，选择无毒、无害、易降解或者便于回收利用的方案。

关键词： 贵州省　国有企业　环境保护　节能减排　绿色发展

《贵州省国民经济和社会发展第十三个五年规划纲要》提出，"以优结构、促转型、增效益为主线，采用高新技术、先进适用技术和大数据信息技术改造提升传统产业，推动落后产能有序退出，促进传统产业信息化、绿色化、服务化发展，努力提升产业竞争力；推进能源产业转型升级，推动能源消费、供给、技术、体制革命和加强能源合作，加快构建清洁低碳、安全高效的现代能源体系。"①

＊　许峰，贵州省社会科学院副研究员，博士。
① 《贵州省国民经济和社会发展第十三个五年规划纲要》，《贵州日报》2016 年 2 月 17 日。

一　全面开展环境管理，制订节能减排计划

随着环保意识的不断增强和环保责任的不断提高，越来越多的国有企业将降污减排计划纳入企业总体目标规划中，明确总体目标和阶段目标，将履行环保责任纳入年度目标考核管理体系，分解到岗、明确到个人、执行到位；建立环境管理体系，设立节能环保工作领导小组等专门机构，将环保理念融入企业各项管理制度和企业文化中；不断加大环保投入力度，加强污染检测及预防，全面开展环保培训及污染应急演练，定期开展环保工作评价与考核。不少企业还获得ISO14000等国内外权威环境管理体系认证。

（一）采矿业

盘江集团低浓度瓦斯综合利用走在全国前列，矿井水、煤矸石、粉煤灰综合利用、环保水泥余热利用，为企业可持续发展打下坚实的基础。2016年，该公司万元产值综合能耗0.62吨标煤/万元，氨氮减排量9.89吨，COD减排量285.72吨，SO_2减排量3.13吨，氮氧化物减排量7.51吨。

2016年，瓮福《磷石膏库安全技术规程》上升为中华人民共和国安全生产行业标准，成为我国境内磷石膏库建设、生产运行、安全检查、安全度、闭库、回采、安全评价等方面的安全标准要求。瓮福与上海胜义合资组建了业内首家环保产业综合治理公司，加上已成熟运作的瓮福科技工程、上海克硫、瓮福蓝天等公司，瓮福在生态产业化方面的布局及体系已基本形成。瓮福的生态环保优势潜能不断释放，实现了社会效益和经济效益的统一。

2016年，在国家"2016~2020年工业绿色发展规划"方针指导下，瓮福继续秉承低碳与生态相结合的发展模式，通过完善装备与能

源计量管理体系，强化装备安、稳、长、满、优运行促节能，并针对节能降耗管理的薄弱环节挖掘潜力，走低碳可持续发展之路。

2016年，水钢能源工作通过加强管理，"以提高自发电率，降低外购电量，促进节能降耗"工作为主，狠抓基础管理工作，实现系统稳顺，指标大幅提升。组建能源公司，对全公司能源做到集中管控。

开磷控股集团建立完善《控股集团环境保护管理制度》《控股集团环保工作检查考核办法》《控股集团"三废"污染防治管理暂行规定》。由安全环保部门牵头，依据息烽化工园区"三废"治理工作方案和整治工作计划，实行以周为时间单元的项目进度督察，并在集团公司内部通报，确保环境整治工作按计划有效开展。按照《控股集团环境保护管理制度》《控股集团环保工作检查考核办法》《控股集团"三废"污染防治管理暂行规定》及考核细则，组织开展环保考核6次，对五个主要生产单位党政主要负责人按月度进行考核，考核结果与责任人月度工资收入挂钩。通过强化目标责任考核，推进环保管理工作持续有序开展。

2016年开磷控股集团主要环境保护指标完成情况：企业用于环境保护的总支出48732.562万元，环境保护设施总投资31953.827万元，固体废弃物排放量584.19万吨，废气排放总量349.78万立方米，磷煤化工生产废水"零排放"，矿山废水排放总量652.32万吨。化学需氧量、氨氮、二氧化硫、氮氧化物4项总量控制污染物排放量分别为0吨、0吨、2314.965吨、191.97吨。下属各子公司污染物排放总量全部控制在与地方政府签订的减排目标责任书以内。

2016年，西南能矿进一步完善安全环保职业健康管理制度，制定下发《安全生产奖惩办法》等系列规范制度，及时更新集团公司安全环保职业健康管理适用法律法规清单，确保"依法治安"；每季度及半年召开公司安委会、安全工作会议，不断加强安全文化建设，确保安全经费投入，加大培训力度，细化 HSE 责任清单，持续强化隐患排查治理、安全大检查和督导工作，进一步加强环保、职业卫生、建设项目 HSE "三同时"工作督导，弥补了管理短板。2016 年，西南能矿集团全面实现安全生产任务目标（生产安全事故、环境污染事故、职业卫生事故为零），这也是公司连续第四年取得安全环保生产好成绩。

（二）制造业

习酒公司积极参与"四河四带"建设、"绿色习水"三年行动计划，以"绿色发展、低碳发展、循环发展、建立资源节约型、环境友好型企业，促进传统产业生态化"为纲，紧紧围绕打造"中国习酒城"目标，提出让习酒"绿起来、彩起来、美起来、亮起来、文起来"的绿化总要求，将防污与治污相结合，加大环境绿化、美化力度，减少排污，降低厂区水电气等资源消耗，降低生产、生活成本，加大环境综合治理和可回收固体废弃物的综合利用，创建绿色园林企业。

玉蝶控股集团严格按照环保目标责任书的要求，结合部门职责和工作实际，齐抓共管，有效施策，强化管理，使环保目标责任状的各项内容和指标落实到位。集团 2016 年实现标准煤节能量达 800 吨，为环保型电缆的生产奠定了基础。集团下属两家线缆子公司获得中国质量认证中心颁发的《环境管理体系认证证书》，建立了符合 ISO14001∶2004 和 GB/T 24001－2004 管理标准的管理体系。

贵州轮胎股份有限公司于 2009 年顺利通过中国质量认证中心的 ISO14001∶2004 环境管理体系认证，并采取环境管理体系认证的形式，引入第三方监督，为公司环境管理工作持续改进提供了机制保障。公司制定《废气、废水及噪声排放控制程序》《资源能源管理程序》《固体废弃物控制程序》《危险化学品及剧毒物品管理程序》《相关方管理程序》，明确相应部门的职责，以确保企业的环境保护工作能落到实处。公司还制定了《突发环境事件应急救援预案》及《应急准备和响应控制程序》，从而极大地提升了公司应对突发性环境污染事故的能力。在生产过程中严格执行环境保护有关规定，从源头上规范，对引进的新、改、扩建项目要求先过环保审批关；在建设的过程中，认真落实环保设施与主体工程同时设计、同时施工、同时投产使用的"三同时"制度。

联塑科技发展（贵阳）有限公司制定了《环保/安全事故应急预案》《噪声污染管理规定》《大气污染防治管理规定》《水污染防治管理规定》《废弃物管理规定》等一系列环保规章制度。在项目实施中执行了环保"三同时"制度，公司环保设施的日常运行、维护和管理由使用部门管理人员和维修人员负责。同时，项目执行了环境影响评价制度。

（三）能源业

贵州燃气集团以"奉献清洁能源 建设生态贵州"为己任，上下齐心努力，将绿色环保的优质能源送入千家万户和企业园区，让"多彩贵州"山更绿、水更清、空气更洁净、城市更宜居。"十二五"期间，作为全省城市燃气的龙头企业，贵州燃气集团大力实施"气化贵州"绿色发展战略，着力推广清洁高效能源，累计为居民用户接驳天然气近80万户，平均每年发展15万户，将蓝色火焰送入了千家万户。数据显示，"十二五"期间，贵州燃气集团累计提供天然气等高效清洁能源21亿立方米，累计顶替燃煤788万吨，减少烟尘2万吨，二氧化碳853万吨，二氧化硫10万吨，氮氧化合物1万吨。"煤改气""油改气"的实施为贵州生态文明建设带来了巨大的生态效益和经济效益。①

在新的环保高压态势下，金元集团纳雍电厂每月定期开展一次设备治理碰头会，梳理可能导致环保超排的隐患和风险，及时制定治理措施和预案，按轻重缓急程度重点发力，全面治理，确保设备能够长周期为环保"服务"。②

（四）信息业

中国移动贵州公司根据《中国移动"绿色行动计划"2016 年工作指导意见》和《中国移动"绿色行动计划"2016 年考核办法》相关要求，结合贵州公司实际积极开展"绿色行动计划"工作。

二　开展资源综合利用，节约能源资源

在当前环境污染、资源短缺日趋严峻的形势下，"先破坏再修复"的传统模式无法对已遭破坏的生态环境进行及时补偿。贵州省国有企业积极探索"以开发促保护"的新模式。一些企业充分利用工矿废地、工业"三废"、余料旧物等作为生产要素，既解决了污染物处置问题，又因这些生产要素成本低廉而为企业带来更大经济效益。

（一）采矿业

盘江集团投资 2300 万元建成的金佳矿矿井水处理系统处理量为 2200 立方米/小时，其中 1300 立方米/小时处理的水质经贵州省疾病预防控制中心化验分析，达到国家生活饮用水卫生标准。可向 20 万

---

① 《贵州燃气集团股份有限公司助力贵州绿色发展》，《贵州日报》2016 年 4 月 7 日。
② 《金元集团纳雍电厂勇于担当社会责任》，http：//www.chinapower.com.cn/fdjcdt/20160629/35532.html。

人口提供生活饮用水。投资 2100 万元，建成供千沟桥生活片区的供水及管网，为居民提供生活饮用水，实现再生水利用，保护了环境。

盘江集团积极与科研院校合作，深入开展煤矸石综合利用和井下排矸核心技术攻关，推动煤矸石的常态化高效综合利用，避免矸石山占用大量土地造成环境二次污染，成功将煤矸石变废为宝。

目前公司矸石电厂装机 64.5 万千瓦，火烧铺电厂环保改造一期 21.5 万机组、二期 11.5 万千瓦；合资建设的盘北电厂一期 130 万千瓦机组于 2013 年 7 月投产，二期 130 万千瓦也于 2014 年 12 月投产，2016 年，盘北电厂发电量约 24.3 亿千瓦时，消耗矸石 19.10 万吨。

瓮福投资 2000 多万元采用自主研发技术，对现有生产污水处理装置采用石灰乳两级中和沉淀处理后的出水进行深度处理，使其达到循环水补充水的水质要求并替代工艺水做补水，实现中水源水化。该项目于 2014 年建成投入运行，化工公司新鲜水消耗逐年下降，从 2013 年的 590m³/h 下降到 2016 年的 309m³/h。

瓮福集团斥资 2883 万元建设一套四炉合一塔烟气脱硫直排塔。项目于 2016 年 1 月开工建设，于 8 月 5 日建成并一次投料试车成功。经福泉市环境监测站监测，二氧化硫排放浓度控制在现行标准的 50% 以下。2017 年公司再斥资 800 万元对新增脱硫直排塔增加超声波除雾进行超低排放升级改造，进一步提高脱硫直排塔效能，助推"绿色福泉"建设。

为彻底解决发财洞污染问题，瓮福集团投资 6700 万元就近修建污水处理装置，将发财洞污水全部回收处理，该工程于 2013 年 8 月开工建设，前后实施三期，2016 年 6 月全部完工，污水处理能力达到 1050m³/h。

水钢集团节能措施有烧结机治理、环冷机密封、现有两台余热锅炉系统改造、增设大烟道余热锅炉、现有余热汽轮机发电系统维修等，改造完成发电机富余能力可增加负荷，自发电可快速提升，外购电能有效降低，满足烧结工序能耗控制。每年节电 1215 万元、每年节省固体燃料创效 729 万元，烧结机余热锅炉和大烟道余热锅炉改造后用于发电每年效益 1980 万元、富余 15t 节蒸汽收益每年 900 万元，以上合计每年预计节能效益 4824 万元。通过鼓风机基础改造、汽轮机控制系统改造、安装新发电机等，改造后按年运行 300 天，效益 1903 万元。通过 3#、4#焦炉烟道余热回收、负压蒸氨，项目完工后达到 100t/h 的蒸氨能力，焦炉烟道气余热负压蒸氨工艺技术比常压蒸汽蒸氨，年创效 2140 万元。

近年来，开磷集团将保障环境安全视为企业发展的底线，以"三废"治理为重点，主动退出高污染的生产工艺，将目光投向高新技术领域，逐年加大环境保护力度。据《贵州日报》报道，"为保护母亲河乌江的水质安全，开磷集团主动担当，从 2009 年起累计投入 5 亿元。目前每年的运行费用超过 1 亿元，平均每天 30 万元。2016 年，开磷集团在环境保护方面投入 4.8 亿元"。[①]

按照《贵州省水污染治理目标责任书》要求，开磷集团加大环保治理资金投入，积极推进息烽河、洋水河及乌江 34 号泉治理工程。

一是通过加强乌江 34 号泉深度治理设施的运行管理、加强设备故障的维检保障、增加中和池沉渣回抽泵、制定运行管理考核办法等措施，目前系统在涌出量 5000 立方米/小时以内能稳定运行、处理后外排水总磷含量控制在 15 毫克/升以内。同时针对雨季涌水量超过 5000 立方米/小时，制定相应的超量应急预案，完成下游沙井断面在线监控安装。乌江 34 号泉治理工程得到省委省政府主要领导的关心，多次深入现场指导工作，在查看现场后，时任省委书记陈敏尔对乌江 34 号泉治理工程治理效果给予肯定。

二是贵州化肥公司在实施乌江 34 号泉治理工程的同时，着眼于

---

① 《多彩贵州新未来：百姓富生态美》，《贵州日报》2017 年 4 月 18 日。

源头治理，组织开展了交椅山渣场源头地下水径流的勘探工作。首先在渣场地下水下游查找流经渣场地下水的径流以达到抽出地表就近处理的目的；其次对渣场磷石膏堆体的浸润线进行勘探，为阻止磷石膏堆体雨水进入地下水的措施制定提供依据；再次对流经渣场地下水上游的径流进行查找，为源头截流减少污水量提供技术依据。分别采取区域地质调查、物探、针对性的打孔钻探等措施。最后通过对钻孔地下水的水质分析以及抽水实验最终确定流经渣场地下水水量和径流位置。

三是针对息烽河水质不能稳定达到地表水和Ⅲ类水体的情况，开展区域水环境防治工作。对贾家堰渣场进行综合整治，彻底停用该渣场，实施覆膜植草绿化整治，从源头解决该渣场渗漏对息烽河的污染。针对干沟河的废水和生活污水，会同当地政府部门一道，强化已建水处理设施正常运行，确保按要求达标排放。

四是大力推进洋水河污染综合整治。实施矿肥公司洋水河治理应急工程，将洋水河上游来水通过管道引流至下游排放，查找矿肥公司污水渗漏点后进行收集处理，解决该河段总磷突增问题；实施矿井水治理工程，在确保矿业总公司 920 水处理系统稳定运行、达标排放的基础上，建设沙坝矿段和东 800 矿井废水治理设施；与地方政府配合解决洋水河周边生活污水处理厂的建设和投用工作，使洋水河进入乌江大塘口断面的水质指标得到改善。

（二）制造业

2016 年，茅台集团实现 COD（化学需氧量）排放削减量 3200 吨，氨氮排放削减量 37 吨。"开展厂区锅炉'煤改气'工程，年减少燃煤量 14 万吨。2011 年以来，累计实现节能 3.8 万吨标准煤，茅台酒单位产品综合能耗下降至 1743 千克标煤/千升。大力支持赤水河流域保护和治理工作，从 2014 年起，每年捐赠 5000 万元，连续十年共捐赠 5 亿元，用于保护和治理赤水河流域。种植养护'茅台共青林'和'金奖百年'纪念林上千亩。"[1] 茅台集团董事长袁仁国表示，"绿色是茅台的底色和标牌，也是茅台的潜力和价值。茅台责无旁贷，尽力尽责做好绿色发展先行者、引领者，为全省绿色发展做出新贡献。这是茅台积极响应全省绿色发展的郑重承诺，也希望与全省更多企业一起，携手推进绿色制造、推动绿色发展"。[2]

习酒公司强化生产现场各类污染物治理整改，累计开展各类现场整改 30 余次。同时将生产生活垃圾进行有效分类、及时收集，实现"日产日清"，2016 年累计清运不可回收垃圾 6590 吨，可回收废弃物回收率达 100%，废弃酒糟实现 100% 资源化利用。完成外排废水中所有国控指标月度和季度委托监测，全年委托监测排水水质 12 次，完成月度环保监测信息公开 24 次，季度环统直报 4 次，全年处理生产生活废水 6 万吨。

联塑贵阳公司积极创建节约环保型企业，把环保指标纳入日常管理规范中，及时消除污染隐患，严格执行"三同时"制度，确保环保设施正常运行，实现清洁文明生产，深入开展节能降耗工作，针对配件车间所有注塑机加装伺服系统，在同等产量与生产周期的情况下比未装伺服系统节能 50%；对 PVC 车间的 17 台一出二线管挤出机通过技术改造为一出四线管挤出机，在相同能耗的情况下产品产量提升 30%；针对部分能耗大设备做报废处理更换能耗低的新设备使之安全环保稳定生产。公司自生产运营以来，完成各项节能减排任务，未发生环境污染事故，无环境违法行为。

---

① 金石：《国酒茅台严守"三条底线"打造"绿色茅台"》，http：//news. gog. cn/system/2017/08/17/016007758. shtml。

② 金石：《国酒茅台严守"三条底线"打造"绿色茅台"》，http：//news. gog. cn/system/2017/08/17/016007758. shtml。

贵州轮胎股份有限公司近年来累计投入资金 7000 余万元，实施循环流化床锅炉改造、除尘脱硫一体化改造、水处理改造、蓄热器改造、空压机改造、变频技术应用等环保节能工程，既为环保工作提供了硬件设施保障，也为员工创造了舒适的生产工作环境。公司为消除炼胶车间生产中产生的炭黑粉尘，从 2010 年开始先后积极投入近 3500 万元对给水系统和除尘脱硫系统等设备进行一系列技术改造。

玉蝶控股集团加强废弃电线电缆产品的回收工作。在电线电缆生产过程中，对产生的边角余料，直接回收利用。成立"聚氯乙烯"废料回收处理厂，定点加工，改作他用，避免产生二次污染。集团所有生产设备均采用变频启动降低能耗；生产用水全部采用循环水池使用不外排，节约水资源；公司生产车间、办公场所均采用节能灯照明。

（三）能源业

贵州电网积极促进省内煤电机组开展超低排放和节能改造工作实施。在 2017 年度煤电机组检修计划中，全力安排 8 台机组开展超低排放改造工作，推动火电清洁高效发展。

降低线损是电网企业节能减排的最主要手段，并能产生巨大的经济效益。线损是指电能在传输和营销过程中所产生的电能损耗。该公司把降低线损作为节能减排及提质增效的重要手段，持续推进线损精细化管理，努力降低线损率。编制线损管理工作方案，明确"一降低两达标三消除"的工作目标，将相关要求分解到各层级、部门及岗位上，通过计划、执行、分析、整改、评价的闭环工作机制，推动各部门降低线损。开展管理线损现场经验交流，完成《贵州电网公司 10 千伏及以下线损研究》，同时推动计量自动化系统中分线分台区"两个比对"功能实用化。

（四）金融业

贵阳银行 2016 年度工业用水量为 359.3741 万吨，工业煤炭消费量为 13904.65 吨，天然气燃气量为 111.0633 万立方米。与上年度比较，工业用水下降 29.42%，工业煤炭下降 29.64%，天然气上升 20.48%。

三　使用清洁能源，发展绿色经济

贵州省国有企业以煤改气为重点，以变废为宝为路径，着力发展绿色经济，推动绿色发展。

（一）采矿业

2013 年建成的盘江胜动燃气发电设备制造项目被国家发改委列为清洁发展机制项目。拥有全省工业性示范项目——金佳低浓度瓦斯提纯制天然气项目，松河矿区煤层气地面抽采示范项目。建成的位于盘州市盘北经济开发区的煤层气抽采加工利用一体化示范项目，作为松河煤层气地面抽采项目的产业延伸，将保证盘北经济开发区内加气车辆使用需求，保证居民用气。2015 年底开工建设盘江矿区出脚树煤矿瓦斯提纯制 LNG 项目，生产规模为 3 万 Nm^3/d 天然气，现进入试生产阶段。

经过 8 年的不断探索和建设，盘江集团成功开发利用威胁煤矿安全生产的煤层气（瓦斯），变"害气"为"福气"。到 2016 年底，建成低浓度瓦斯发电站 34 座，总装机规模达到 10.64 万千瓦。已累计发电 20 亿度，利用瓦斯 7 亿立方米，节约标煤 25 万吨。减排二氧化碳 1032 万吨，瓦斯发电余热替代矿区燃煤锅炉累计供应热水 403 万吨。至今，累计用 257 万吨碳减排量，在国内外市场换回 2000 万元收益。

贵阳海螺盘江水泥有限责任公司利用水泥窑协同处置城市生活垃圾技术（简称"CKK 技术"），已建成日处理 300 吨城市生活垃圾和 50 吨污泥生产线项目，每年可处理城市生活垃圾总量 10.7 万吨。截至 2016 年底，累计处理城市生活垃圾 88154 吨。2016 年，公司完成投资 4869.47 万元，生产总值约 850 万元，通过 13 类商标申请注册，获得 5 项实用新型专利证书，获评"贵州省绿色发展之星"荣誉称号。

水钢集团自发电率由 2015 年的 51.71% 提升到 2016 年的 62.62%，其中 4 月、8 月、10 月三个月达到 67% 的最好水平；转炉煤气攻关效果较为明显，在安全回收煤气的前提下保障转炉煤气回收提升，锅炉实现退出燃煤运行，使用燃气保供，烟气达标排放；2016 年，转炉煤气回收完成 132.59m³/t。

（二）制造业

茅台集团"加快推动生态利用型、循环高效型、低碳清洁型、环境治理型企业建设，推动传统产业发展绿色化、生态化。率先在全国白酒行业打造绿色供应链。投入近 15 亿元，把茅台酒循环经济工业园建成绿色园区。茅台酒作为国内白酒行业率先通过 A 级'绿色食品'认证、有机食品认证和原产地域保护的健康品牌，充分用好畅行国内外的绿色通行证，做足绿色营销的大文章"。[①]

习酒公司开展生物质燃料锅炉整改试验，实施煤改气工程，全年减排 COD、氨氮、二氧化硫、氮氧化物、烟尘等 1300 余吨。

贵州烟草公司致力于打造山地生态烟草。"一是做好产地认证和

---

① 金石：《国酒茅台严守"三条底线"打造"绿色茅台"》，http://news.gog.cn/system/2017/08/17/016007758.shtml。

设施配套，保证有机生产基地长期稳定。坚持选择森林覆盖率、水源光热条件、土壤环境质量等符合有机农业相关要求的产地布局。重点配套有机烟叶生产灌溉用水、有机物料堆积发酵、生产过程视频监控等设施设备，确保基地主要生产过程机械化、育苗烘烤设施化、管理信息化，提高有机烟田综合生产能力和有机生产综合控制能力。二是完善生产技术体系，全程坚持有机农业生产理念。结合各产区农产品市场需求，建立以烟为主的良好种植制度，实行科学轮作。以 K326、云烟87、云烟85 为主栽品种，因地制宜选择引进或自育品种，充分彰显区域烟叶风格特色。坚持良法配套，抓好移栽期、大田期和成熟采烤期技术集成。全面实施绿色防控，杜绝使用任何类型的化学农药，确保烟叶安全性。三是严格生产过程控制，加强监管考核与质量可追溯。建立工作责任制，完善考评机制，加强生产过程控制与监管。依托信息化建设平台，综合信息化技术手段，统一烟叶身份标识，建立质量信息反馈制度，实现烟叶质量可追溯。"①

（三）能源业

贵州电网优先吸纳水电、风电等清洁能源发电，推动区域火电清洁高效发展，积极促进发电企业降低资源消耗和对环境的影响。

提前落实汛期水电调控原则及方案，连续五年与省气象局开展汛期气象专题会，开展开闸汛期来水预测，积极优化水电调度，尽力消纳水电为贵州经济发展输送清洁、价格合理的电力。全年未发生调度责任弃水及弃水调峰情况。利用风能、太阳能、生物质能等新能源发电，有利于改善环境，是国家大力发展的发电方式。支持新能源发电并网工作，为新能源发电并网提供配套服务，逐步提高新能源发电在

---

① 《贵州省局（公司）打造山地生态烟叶典范》，http：//www．eastobacco．com/ycny/jddy/201707/t20170704_448654．html。

贵州电源装机中的比重。

全年吸纳水电 502.2 亿千瓦时，水能利用率同比提高 5.57%，节水增发电量 19.98 亿千瓦时；吸纳风电 55.2 亿千瓦时，同比增加 68.6%；吸纳新能源发电 56.25 亿千瓦时，同比增加 70.57%。全网单位发电量化石能耗 195.31 克标煤/千瓦时，同比增加 0.31 克标煤/千瓦时。

（四）金融业

贵阳银行明确了"发展生态金融、绿色金融业务。重点支持节能环保、新能源等战略性新兴产业，经济转型、产业结构升级和技术创新、节能减排项目"的信贷政策，通过信贷政策的倾斜和资源的有效配置助推产业的转型升级和绿色生态经济发展。截至年末，该行支持节能减排和循环经济贷款余额为 33.45 亿元，较年初增加 18.26 亿元，增幅 120.21%。

围绕供给侧结构性改革"去产能"重点任务，贵阳银行严格控制"两高一剩"及淘汰落后产能行业的信贷投入，对"两高一剩"行业实行"总量控制、结构调整、扶优限劣、存量移位"的信贷策略，压缩"两高一剩"行业贷款规模。对不符合国家产业政策及国家发改委有关要求的新项目不授信，对已经授信并列入淘汰类或风险加大的客户不准入。截至年末，该行"两高一剩"贷款余额为 15.17 亿元，占比 1.53%，在 2015 年基础上继续下降。

（五）信息业

2016 年，中国移动贵州公司进一步秉承绿色发展理念，以建设全国生态文明示范城市为行动指南，全年投用插电增程式新能源车 88 辆，清洁能源车 6 辆，新能源车辆占比达到 14.90%。针对基站的节能措施——基站智能通风系统和针对基站能耗管理层面的双向分发采集基站能耗信息系统，被录入《中国移动"绿色行动计划"最佳实践案例库（2016 版）》。单位信息流量综合能耗完成值、单位电信业务总量综合能耗完成值、机房平均 PUE 值均优于公司下达目标值。

四 积极投身生态修复，开展环保宣传，建设人与自然和谐家园

（一）采矿业

瓮福集团通过"以商招商"，引入福建正霸等合作伙伴共同实施的 200 万吨/年磷石膏综合利用等项目已开工建设。建成达产后，年消耗大宗工业废弃物磷石膏可达 200 万吨，年节约堆存渣场土地 15 万平方米，节省渣场建设、治污费用约 5000 万元，实现产值约 20 亿元。

为进一步改善堆场周边的生态环境并降低鱼梁江环境安全风险，瓮福集团投资 3 亿元对磷石膏渣场进行生态环境综合改造，全库再增加一层防渗膜，实现双膜运行，再上一道安全环保保险，同时对磷石膏综合利用取渣场地进行规划设计，满足将来综合利用的发展需要。

微案例

瓮福集团参加生态文明贵阳国际论坛 2016 年年会

2016 年 7 月 9 日，瓮福集团应邀参加生态文明贵阳国际论坛 2016 年年会。集团公司总经理杨三可出席年会开幕式，并接受贵州广播电视台专访，结合"绿色发展，知行合一"的大会主题回答了有关"三废"利用、循环经济体系建设、矿区开发与保护等问题。

杨三可还参加了主旨为"创造政策条件，创新商业模式，推进

可持续发展"的低碳循环经济分论坛,并作主题为"重化工企业在绿色生态建设中的实践及示范"的主题演讲。在演讲中,杨三可介绍了瓮福集团在绿色生态建设方面的具体实践,并强调:要实现绿色生态发展离不开技术创新的支撑,要贯穿于生产经营全流程,需要全产业链高度协同。杨三可认为,瓮福在绿色生态建设的每一个环节都体现着自主创新或集成创新,只有突破技术瓶颈或广泛运用先进技术,才能真正实现低碳绿色发展,从矿石开采到产品制造、营销环节,都较好地体现了瓮福的这一特点。

开磷控股集团加大废渣堆场综合整治,减少和降低工业废渣堆场安全与环保风险。一是进一步完善标准化渣场建设。贵阳化肥公司全面停用贾家堰渣场,拆除废渣输送装置,对渣场进行覆膜防渗,建设贾家堰渣场周边截水系统;实施交椅山渣场已超过覆膜标高区域的渣场防渗工程,避免新增渗漏风险,强化现有渗滤液收集处理系统的运行。二是积极解决龙井湾渣场安全环保隐患,通过对渣场渗水地段铺设防渗管引流、对底部地下采空区进行磷石膏充填、采取降台阶方式降低堆存高度、实施皮带延伸走向施工和调整磷石膏排放方向等措施,降低和减弱龙井湾渣场的安全和环保风险。三是定期开展交椅山和龙井湾两个磷石膏渣场周边地下水监测,发现异常现象及时分析解决,逐步实现标准化渣场建设。四是提高磷石膏综合利用水平。主要途径为矿山充填、磷石膏砌块、建筑石膏粉、生态复合板、改性磷石膏公路基层材料。通过努力,2016 年,磷石膏综合利用量达到 328.8 万吨。

(二)制造业

习酒公司沿赤水河岸开展"保护赤水河·习酒在行动"全员义务植树活动,在赤水河流域共栽种红叶桃、红叶李、红叶石楠等苗木

3000余株，公司全体职工携手为保护赤水河流域生态环境贡献自己的力量。投入2000余万元打造50余亩厂区景观，对公司各区域进行绿化美化，目前，厂区绿化面积22.83万平方米，绿化率达41.5%。

玉蝶控股集团认真组织好每年一度的全国节能宣传周、全国城市节水宣传周及世界环境日、地球日、水宣传日等活动。为提高广大员工的环境保护意识，企业利用各种形式进行宣传，极大地增强了广大员工保护环境的意识，提高公众关心生产生活环境，主动参与环保建设，依法维护自身环境权益的自觉性。

（三）能源业

黔源电力公司"投资建设环保工程，光照水电站采取分层取水措施，董箐水电站进水口设施前置挡墙取水，缓解下泄低温水对水生生物影响，开创了我国大中型水电工程通过工程措施解决生态难题的先河。善泥坡电站在坝后设置装机0.55万千瓦生态机组、马马崖一级水电站设置1.8万千瓦生态机组，不间断下放生态流量，满足下游水生生物需要"。[1]

黔源电力公司"对水电站库区的古大树木及珍稀濒危植物采取异地移栽等措施进行保护，共移栽百年古树和珍稀树木40余株。为保护珍稀动物黑叶猴，调整北盘江流域善泥坡电站梯级开发规模，将善泥坡坝址和厂址均调整至野钟市级自然保护区外的上游，保留黑叶猴保护区内7.9公里河段不开发，根据黑叶猴生态习性、取食类型、活动大致范围等，建设了面积达45公顷的黑叶猴栖息地，在保护区完成植被恢复2000余亩"。[2]

---

[1] 《黔源公司蝉联贵州省履行社会责任五星级企业》，http：//www.gzqydl.cn/News_details.aspx？newsID=8620。

[2] 《构筑开发流域"绿色生态圈"》，http：//www.gzcoal.gov.cn/gzcy/zxft/201607/t20160720_1001848.html。

黔源电力公司"坚持'取之有道、用之有节、因地制宜'开发资源，科学选择开发方式，将环境保护的理念贯彻于项目开发建设的每一个环节，按照有利于生态保护的原则优化项目设计，积极实施生物多样性保护等措施"。① 该公司为保护和改善开发区内的生态环境，通过采取保留天然河段、建设鱼类栖息地，建设集运鱼系统，建设叠梁门分层取水设施，建设鱼类增殖放流站，建设人工鱼巢等现有鱼类资源保护措施，与三峡大学合作共建"三峡大学北盘江生态环境研究基地"开展鱼类资源保护研究工作，有效克服大坝建设对河流自然生态系统及鱼类资源的影响，实现了水电开发与生态建设的良性互动。"增殖放流站建成、投入运行后，定期向江中投放苗种，并逐步提高放流的数量和规格，这对于自然水体中鱼类的资源量是一个很好的补充，配合其他的鱼类保护措施，将大大有利于鱼类种群的维系和发展。另外，通过不同种类鱼类苗种的放流，特别是珠江水系特有鱼类苗种的放流，对于保护鱼类的生物多样性也能起到重要作用。"②

（四）信息业

中国移动贵州公司通过节能宣传周活动及办公 OA 平台对内宣传节能减排理念，动员广大员工积极参与节能减排活动；对外利用传统媒体、互联网及集团信息平台发布宣传稿件，及时将节能减排相关技术和成效对外发布，增加公司在社会的影响力。

（五）金融业

贵阳银行持续优化办公程序，将能源管理科学化，充分利用电子

---

① 《构筑开发流域"绿色生态圈"》，http://www.gzcoal.gov.cn/gzcy/zxft/201607/t20160720_1001848.html。
② 《构筑开发流域"绿色生态圈"》，http://www.gzcoal.gov.cn/gzcy/zxft/201607/t20160720_1001848.html。

办公系统，精简和压缩各式公文，采用电子文件转发非重要文件及签报，对各类办公用品采取按计划申报、集中领用、集中管理制度，杜绝办公用品耗材的浪费；加强公务车辆管理，提高使用效率，合理调度，保证车辆尾气排放达标；推行绿色采购，优先选择使用低能耗、低碳排放和具有环保性能的电子设备、装修材料和办公用品。将节能环保理念融入日常运营中，倡导全行员工践行节能环保理念。

B.4
贵州省国有企业质量
责任履行报告

张云峰 *

摘　要：　2016年贵州省国有企业积极履行质量责任，围绕企业质量理念、标准体系建设、品牌质量认证、科研投入、品牌建设等方面开展质量建设，成效显著。但贵州个别国有企业在履行质量责任方面，尚存在质量管理能力不强、质量意识落后、质量控制能力不高、质量管理体系和保障机制不严密、对质量标准理解较狭隘等方面的问题。为了强化贵州国有企业履行质量责任，特提出对策建议：构建质量责任监管体系，强化政府、监管部门和消费者对国有企业质量责任的监管；夯实科研实力，进一步增强国有企业产品和服务的科技含量，强力塑造国有企业产品的知名品牌；国有企业管理层须进一步加强企业质量的管理，引进先进的管理方式，通过履行质量责任来达到质量兴企的作用；全面提升国有企业在行业内的标准水平，制定和施行高于国家标准和行业标准的企业标准，以标准化促进产业化；尊重消费者，建立稳定有效的沟通渠道，让消费者熟悉企业履行质量责任。

---

* 张云峰，贵州省社会科学院党建研究所副研究员。

关键词： 贵州省国有企业　质量责任　报告

质量责任是企业的基本社会责任，党和政府高度重视企业对质量责任的履行情况。1993 年 2 月 22 日第七届全国人民代表大会常务委员会第三十次会议通过《中华人民共和国产品质量法》，1993 年 9 月 1 日起施行，该法施行的目的是为了让企业更好地履行质量责任，进一步从法制的视角来加强对产品质量的监管，确保产品质量水平进一步提高，明确企业履行质量责任坐标，从源头上对消费者的合法权益进行相应保护，维护社会经济秩序有序进行。企业质量的责任主要体现在以下三个方面：一是社会对企业的基本质量要求，即企业的生产必须按照法律法规、国家标准、地方标准、行业标准等强制性法律法规和各层次标准的要求进行生产加工和服务，这是企业守住质量责任的基本底线；二是消费者对企业的质量要求，消费者是企业依存的客体，企业须站在消费者的立场进行合理的、人性化的、多角度的思考，实现消费者利益最大化；三是市场竞争对企业提出的质量要求，企业的产品除了符合国家相关法律和各层次的标准之外，还要面临残酷的市场竞争，为了能够生存，企业必须通过管理和技术进步来对自身质量提出更高的要求，才能够在竞争中立于不败之地，企业通过履行质量责任，意味着企业对消费者、股东和职工履行相应的社会责任。

一　贵州国有企业履行质量责任建设现状

贵州省委省政府高度重视国有企业质量责任工作，为认真贯彻落实国务院颁布的《质量发展纲要（2011~2020 年)》，结合贵州省实际，省政府 2012 年 9 月出台《全面推进质量兴省工作的意见》（黔府发〔2012〕27号），在全省企业中广泛宣传质量兴省工作在推动经济社会加快发展、促进经济社会转型升级中的重要意义和作用，要求企业牢固树立质量是生命的理念，实施以质取胜的经营战略，将诚实守信、持续改进、创新发展、追求卓越的质量精神转化为社会、企业及企业员工的行为准则，自觉抵制违法生产经营行为。贵州省国有企业一直主动履行企业质量责任，按照国家相关法律和各类标准进行生产和服务，在激烈的社会竞争中狠抓质量管理，不断向社会提供优质的产品和高质量的服务。2016年贵州省国有企业始终把履行质量责任放在第一位，全省国有企业签订了《贵州工业企业质量信誉承诺书》，郑重承诺：诚信经营、严格遵守法律法规，实施全面质量管理，采用适宜的先进质量标准，自觉接受各界监督，质量建设成就显著，很好地履行了国有企业的质量责任。

1. 恪守质量理念，以生产优质产品为企业的基本遵循

质量理念是企业产品质量和服务质量建设的灵魂，是企业不断向社会输送优质产品和服务的基石，是企业质量文化建设的根本观念和执着追求。贵州省国有企业以向社会提供优质产品为最终目标，生产和服务过程中恪守对社会承诺的质量理念，是国有企业在质量责任方面的基本遵循。

贵州茅台酒厂（集团）有限责任公司的质量理念：崇本守道、坚守工艺、贮足陈酿、不卖新酒，茅台集团在质量理念的指导下，大力发展"绣花功夫"和"工匠精神"，为消费者提供一流的产品。贵州茅台酒厂（集团）习酒有限责任公司的质量方针：以诚取信、以质取胜、锐意创新、追求卓越，以茅台和习酒为代表的酱香型白酒是贵州在白酒市场上的知名品牌，其质量特点一直备受消费者推崇，其根源在茅台和习酒在产品的质量上严格把控，按照传统酿造方法生产，坚守古法和纯粮酿造。

贵州轮胎股份有限公司坚持质量为本，建百年老店的发展目标，

"以质量为本"，从产品设计、实验到生产制造、售后服务，形成了严密的质量管理和服务体系，对每一条轮胎实行全过程监控；从"单线生产"到"智能制造"；由"制造"变成"智造"，实现了生产制造技术信息化和自动化的全面融合，走出了一条创新驱动、特色兴企的绿色发展道路；招商贷公司秉承的宗旨：诚信、敬业、安全、高效，秉承投资人利益优先的原则，千方百计为投资人提供最优质的服务，以真诚的微笑为每一位顾客耐心做咨询，强化员工的专业水平，高效解决客户的疑难问题；贵阳银行坚守发展与风险两条底线，不忘"服务市民、服务中小、服务地方"的初心，探索出一条"发展质量与发展速度并重，稳健经营与开拓创新并举，传统业务与新兴业务并进，深耕本地市场与辐射区域市场并行"的特色发展路径，全行管理水平、服务质量和发展水平迈向新的台阶。

贵州电网恪守"人民电业为人民"的宗旨，在质量责任方面：主动承担三大责任，全力做好电力供应，"三大责任"即为：政治责任、经济责任和社会责任，政治责任就是始终保持正确的政治立场和政治方向，在贯彻落实党的路线方针政策中履行国有企业的使命，筑牢党的执政基础，体现国有企业的担当。经济责任就是适应和引领经济发展新常态，强化电网企业的经济属性和市场地位，在落实国家宏观经济调控、维护市场秩序等方面发挥带头作用，不断把公司做大、做强、做优，发展和壮大国有经济，实现国有资产保值增值，充分发挥国有企业的活力、影响力和抗风险能力。社会责任就是履行维护公众利益的责任和电力普遍服务的义务，在重大灾害面前做到责任在先，着力保障服务民生，为全面建成小康社会提供电力支撑。[①] 全力做好电力供应。建设、运营好坚强统一的大电网，充分发挥电网的大平台作用，协调发电企业与电力客户的利益诉求，把握好电力市场化

---

① 《南网总纲》，http://www.chinapower.com.cn/focus/20160822/48710.html。

改革方向，为经济社会发展提供坚强的电力保障。

贵州高速集团秉承"诚实守信、服务优良、行为规范、道德高尚"的企业理念，努力实现企业经营与社会责任的高度统一，切实履行企业的发展使命和社会责任，全面推进项目建设和营运管理，以提高发展质量和效益为中心，坚持推进现代交通运输体系建设。

中国贵州黎阳航空发动机有限公司秉承"动力强军、科技报国"的神圣使命，为振兴和发展祖国航空发动机事业，以航空武器装备产品制造为己任，致力于成为一流航空发动机供应商和区域发展的强劲动力。黎阳人恪守"质量是航空人生命"的价值观，倡导"严、慎、细、实"和"一次到位，精益求精"的零缺陷质量文化理念，秉承以质量制胜的战略，聚焦质量核心，不断改进质量管理，奉行以顾客为关注焦点，满足并超越顾客期望的质量目标。

瓮福（集团）有限责任公司始终坚持"质量第一，用户至上，创世界品牌"的质量方针，秉持"专业、求实、创新、责任"的质量管理理念，以缔造卓越质量、创世界品牌作为全体干部员工的价值导向。

贵阳市公共交通（集团）有限公司以"服务创优、经济创收"的社会责任观和"乘客至上、服务为本"的服务宗旨，不断彰显贵阳公交集团与责任同行，不断创新造新价值的决心和毅力，较好地展示了一个负责任国企的形象。联塑科技发展（贵阳）有限公司始终牢记"致力于改善和提高人类的生活品质"的神圣使命，围绕"以质量为生命，以科技为龙头，以顾客满意为宗旨"的经营方针，坚持稳中求进的工作总基调，致力于构建现代企业管理制度和先进的产业体系，持续推动转型升级、改革调整，提高自主创新能力和核心竞争力，重点实施结构调整、创新驱动、管理提升、品牌建设、国际化经营、深化改革等战略，努力打造一流的管材企业。

贵州路桥集团紧紧围绕"质量、安全、进度、成本"为核心，积极响应贵州省交通厅品质工程创建要求，通过制度保障、技术创新等手段，确保项目建设的安全质量。首钢水钢的质量理念："百年大计质量第一"，坚持"打造西部长材精品基地"的战略目标，致力于推动科技进步转型升级。

贵阳银行坚持"审慎合规，稳健经营"的经营发展理念，着力优化风险治理体系和管理机制，丰富风险管理技术与手段，深入推进全面风险管理体系建设，风险识别、监测、控制和处置能力大幅提升，风险管理的体系化、系统化更加完善，全年未发生重大风险事件。持续推进内控合规建设，健全内部控制制度，完善内部控制措施，加强内控监督检查，不断完善内部控制体系。

中国移动贵州公司秉承"客户为根，服务为本"的服务理念，高度关注广大客户诉求和权益保护，持续提升服务水平，加快推进服务转型，努力为客户提供高效、便捷、规范的服务，取得了积极成效，客户满意度水平稳步提升，继续保持行业领先水平。全力落实国家"提速降费"要求，依托行风建设暨纠风工作，努力解决热点问题，切实规范服务营销行为，加快服务转型，提升服务效率。

2. 严格按照标准体系进行生产和服务，从生产标准方面履行质量责任

现阶段我国的标准体系可分为四个级别，分别为国家标准、行业标准、地方标准、企业标准，相关产业在参考及执行过程中，一般是以国家标准及行业标准为主导，地方标准和企业标准作为辅助。根据《中华人民共和国标准化法》规定，技术标准主要分为技术规程、工艺标准、检测试验方法质量标准以及安全、卫生、环保标准等。贵州的国有企业严格按照国家标准执行，加强标准的执行力度来履行质量责任。

贵州轮胎先后通过 ISO9001、ISO/TS1694 汽车工业质量管理体系认证国家强制性认证、计量体系认证、美国交通部 DOT 安全标志认证、欧共体 E-mark 产品认证、测量管理体系认证和军工产品认证等，把顾客的要求和法律法规要求作为质量体系的总要求。

中国贵州黎阳航空发动机有限公司通过新时代认证中心等机构的监督审核，对照集团质量管理规范，组织对质量管理体系文件进行细化完善，开展体系内审、过程专项审核、问题检查和供应商审核等多项活动，促进管理持续改进，保障质量管理体系充分、适宜、有效。

瓮福（集团）有限责任公司建立了原料采购、生产过程控制分析、成品检验的检验流程及相应质量标准和检验标准；对产品实施全过程进行质量监控，确保产品的品质符合顾客及法律法规的要求。2016年，瓮福（集团）有限责任公司参与制定了以下产品标准：《工业湿法净化磷酸》（HG/T4069 - 2008）、《工业磷酸氢二铵》（HG/T4132 - 2010）、《工业磷酸二氢铵》（HG/T4133 - 2010）、《磷石膏中磷、氟的测定方法》（JC/T2073 - 2011）。

中国移动贵州公司2016年建立健全《贵州移动家庭宽带现场装维工作规范》《贵州移动家庭宽带质量保障流程》《"营装维"队伍管理规范》；1008650宽带专席预处理流程、预处理手册；梳理优化装维人员电话预约规范；将宽带装机首次预约迁移至前台，进一步缩短装机预约时间。运用家客装维平台，抽检装机现场拍照、投诉工单电话录音，确保一线装维人员按照规范执行。

贵阳北控水务有限责任公司严格按照国标要求，对水质进行监测。依据国标《生活饮用水卫生标准》（GB5749 - 2006）的检测项目和检测频率的要求，对各水厂进、出厂水和管网监测点的水质每天进行常规9项检测，每月进行一次常规35项检测，每半年进行一次全项106项检测，2016年共完成常规水质检测1400件，月常规检测372件，106项水质检测62件，净水剂材料及临时样品检测84件，确保贵阳市城市供水综合合格率为99.9%。

联塑科技发展（贵阳）有限公司注重产品质量管理，不断完善质量保证体系和服务体系建设，努力为社会提供优质安全健康的产品和服务。建立了质量管理体系，确定了质量方针、目标和职责，并通过质量体系中的质量策划、控制、保证和改进来指导公司日常经营生产。联塑公司按照管理体系的要求进行生产和管理，从原料的选用、配方和生产流程的控制到产品的入仓等环节都牢牢把好产品质量的每一关，保障了消费者权益，使公司和消费者实现共赢。

贵州建工集团始终把提供高质量的工程产品作为最大的责任，严格执行相关规范要求和施工行业相关管理标准，持续开展质量通病专项整治活动，强化施工现场的质量管理，努力提升工程技术攻关能力，打造一流的建筑精品。

盘江集团中心化验室通过中国认证中心的监督审核，公司各相关单位通过了中国质量认证中心、中国检验认证集团质量认证有限公司ISO9001质量体系认证。集团广泛推行全面质量和对标管理，不间断开展质量意识教育、工序控制、QC小组和质量成本管控等活动。加大产品质量考核力度，制定产品流程的质量监督、检查、验收、出厂制度。

黔源电力以安全生产标准化为主线，全面开展安全生产标准化企业达标、岗位达标、生产现场标准化（班组"7S"管理活动）工作，加强基础管理，改进生产环境，强化文明生产。公司下属基层单位，将安全设施标准化与"7S"管理相结合，对安全标准化标识进行完善，生产现场进一步标准化、规范化。

开磷集团各类工业产品严格按照国家产品标准组织生产，磷酸一铵、磷酸二铵、复混肥料（复合肥料）等产品采用国际标准和国外先进标准进行组织生产，经检测分析，磷复肥产品完全达到GB/TB23349-2009《肥料中砷、镉、铅、铬、汞生态指标》的控制要求，集团产品从未出安全事故。

贵州茅台酒厂（集团）习酒有限责任公司严格按照酱香酒的标准进行生产，始终秉承中国传统白酒的技艺精华，实施技术、质量领先战略，结合当地不可复制的环境、气候、土壤、水质等资源条件的自然环境，认真执行"产量服从质量、成本服从质量、速度服从质量、效益服从质量"的"四服从"质量观，加之企业所拥有的，使习酒的酿造技术和产品质量达到行业领先水平。

保利久联集团全面推行 ISO 质量管理体系，按照体系要求，加强生产经营全过程的控制，优化管理，持续改进，保证产品生产、爆破施工等的质量。通过一系列措施的建立和完善，推动了各项管理工作走上制度化、规范化和标准化的道路，在全体干部职工中形成"靠制度来管理，向管理要效益"的共识。

3. 贵州国有企业申请国际国内相关安全认证和合格认证，把企业产品质量建立在更高的标准的基础上

产品质量认证是指依据具有国际水平的产品标准和技术要求，经过认证机构确认并通过颁发认证证书和产品质量认证标志的形式，证明产品符合相应标准和技术要求的活动，产品分为安全认证和合格认证。认证的目的是保证产品质量，提高产品信誉，保护用户和消费者的利益，促进国际贸易和发展国际质量认证合作。随着对外交流的扩大，贵州国有企业主动"走出去"，接受国际更高认证监督，申请具有确保产品质量具有国际化水平，有利于提高经认证合格的企业和产品的市场信誉，增强产品的市场竞争能力，以激励企业加强质量管理，提高产品质量水平。

2016 年，贵州轮胎获得：高新技术企业证书、中国合格评定国家认可委员会实验室认可证书、总装备部指定的军品指定供方、北汽重卡授予的配套资格证、武器装备质量体系认证证书、武器装备科研生产许可证等认证，对该公司的产品予以高度认可。联塑公司获得职业健康安全管理体系认证证书、环境管理体系认证证书。2016 年，黎阳公司质量管理体系得到了很好的保持，顺利通过了新时代认证中心等机构的监督审核；贵州茅台酒厂（集团）习酒有限责任公司

2016 年启动了有机产品认证和 HACCP 认证工作。

4. 贵州国有企业持续加强对科研的投入，确保企业产品质量具有较高的科技附加值

科技创新是企业永恒的主题，也是企业得以生存发展、做大做强的核心源泉。国有企业能够持续发展，根源在于企业作为市场最重要的主体，想要在浩大的市场中获得良好的生存与发展并立于不败之地，那么就必须形成有区别于其他企业的核心竞争力，科技创新是其获得核心竞争力最重要途径。国有企业是国民经济的命脉，关系着国计民生。质量是国有企业能够做大做强的根基，要保证国有企业做大做强，掌握先进的科学技术是关键。贵州国有企业 2016 年继续加强对科研的投入，保证国有企业在技术方面具有一支稳定的科研队伍，完成在国家层面、省部级层面和行业领域具有创新的课题，再完成专利发明多项。

贵州轮胎股份有限公司拥有雄厚的技术力量，建有国家级技术中心、博士后科研工作站，是国家科技部 CAD 示范工程企业、贵州省级绿色高性能轮胎工程研究中心，具有较强的技术研发和创新能力。2016 年内获得授权专利共 17 项，获得并处于有效期的授权专利 129 项（其中发明专利 9 项，实用新型专利 41 项，外观设计专利 79 项）。2016 年主要完成了大中型全钢矿山机械轮胎系列、70 系列高性能农业子午胎、低断面特种工业轮胎系列、全系列城市轻轨轮胎等产品的自主研发，部分产品达到国内领先水平，获得了国内外市场的广泛认可。近 5 年，贵州轮胎股份有限公司完成国家项目 3 项，省级项目 5 项，主持及参与起草了 20 项国家标准。

黎阳公司拥有国家级企业技术中心，有工程技术人员 2000 余名，拥有各种国内先进的冷、热加工设备和计量测试设备。先后获得国家级科技成果奖 32 项，省部级科技成果奖 280 余项。公司有两型航空发动机荣获国家最高质量银质奖，一型发动机荣获国家科技进步一等奖；连续六次被上级授予"航空装备研制重大突出贡献单位"。黎阳公司 2016 年获国防科技成果 3 项，中国航发科技成果 6 项，航空学会科技成果 3 项，贵州省科技成果 2 项，9 项国防科技成果通过鉴定，申请专利 102 项（其中发明专利 71 项），国家知识产权优势培育企业获得批复。先进叶片制造院士工作站、贵州省特种材料焊接工程技术研究中心通过验收，焊接工程技术研究中心完成验收前准备工作，贵州省锻造叶片、燃机工程技术研究中心立项实施。开展以 ERP 为核心的统一信息平台建设，具备切换软硬件条件，顺利通过两化融合管理体系贯标现场审核。全年承担外部科研课题 41 项，完成科研投资 1.2 亿元，12 项课题完成技术或财务验收工作。承担内部课题 49 项，完成率为 85.7%。

瓮福拥有行业排名第一的国家级企业技术中心、行业唯一一家国家重点实验室、10 个国家及省部级创新科研平台，累计超过 37 亿元的科研投入。2016 年科技投入 21000 万元，占营业收入的 4.12%。2016 年，瓮福集团开展技术创新课题 30 余项，科技成果转化 5 项。瓮福集团累计申请专利共计 1424 件，拥有授权专利 861 件。保利久联集团拥有省级民爆技术中心、省级民爆技术工程中心，拥有博士生导师、博士后、一级建造师等一批高素质的专业人才，是贵州省知识产权示范单位、贵州省第二批知识产权优势企业、贵州省首批创新性领军企业，拥有各项专利 201 项，各类科技奖励 40 项，在多行业核心主导技术方面拥有自主知识产权，获得国家、省部级科学技术进步奖多项。

高速集团围绕高速公路建设、运营管理及公司转型发展的需要，采取自主研发、与科研院所合作的方式，形成了"产学研"一体化的格局，提升了企业的自主创新能力，推动了企业的发展。高速集团现拥有一个技术中心，3 家高新技术企业。2016 年获得贵州省交通厅科研项目 8 项，完成了交通部科技项目《贵州乌蒙山毕都高速公路保障科技示范工程》，建成贵州第一条交通部科技示范路——毕节至杜格高速公路。高速集团主持完成的五个项目获得贵州省公路学会技术进步一等奖，其中"挂篮悬浇钢筋混凝土箱形拱桥设计与施工关键技术研究"获得贵州省科技进步二等奖。

联塑以"科技兴企""创新赢得尊重"为出发点和落脚点，坚持全面落实科学发展观，以科技支撑发展、以创新引领未来，来贯彻落实"联系现在，塑造未来"这一责任观，为加大市场开发、产业升级、结构调整和生产经营，促进持续快速协调发展夯实了基础。联塑研发中心现有 54 名相关技术研发人员，协助生产部、工艺部完成多项新材料的调试及改进工作，在总部国家级试验室的支持下，取得多项发明及实用新型专利。在正确的科技理念和思维指导下，联塑2016 年研发经费投入 3716 万元。通过技术创新推动企业产品科技进步，提升了产品品质和市场竞争力。在全体科研人员的共同努力下，公司创造了引领行业发展的技术和产品系列。主要包括：给水管、排水排污管、电力通信管、燃气管等系列产品。2016 年拥有授权专利58 件，其中，发明专利 7 件，实用新型专利 51 件。

贵阳银行率先设立贵州首家科技支行，以"专门的组织管理架构、专门的授信评审和授权机制、专门的产品创新机制、专门的风险管理机制、专门的考核激励机制"提供一体化科技金融服务，建成具有特色的"一体五专"科技金融服务体系。

贵州路桥集团不断加强创新管理，在发扬成套技术优势的同时，进一步技术创新、打造核心竞争力。路桥集团承建的六盘水至盘县高速公路段北盘江大桥荣获"鲁班奖"，是贵州交通企业第一次获此殊荣，木蓬特大桥获贵州省科技进步二等奖，获得授权专利 6 项，获得贵州省公路学会、中国公路学会科技进步奖 2 项。

习酒公司生产过程中尝试机械化运用，2016 年完成酿酒轮次堆积、窖池发酵过程中关键微生物演变规律的分析研究；完成仿生机制高温曲设备的安装、调试以及试生产；完成酱香机械化酿造润粮、上甑、摊凉等系统设备安装、调试和试运行工作。

盘江集团注重科技成果的转化，建成贵州省煤炭资源开发利用工程研究中心等4个省级科技创新平台。2016年盘江科技经费投入达到23147万元，开展重点科技项目9项，新增专利授权32项，累计专利达219件，计算机软件著作权6个。

5. 加强质量管理，引进先进的技术手段，从源头确保质量安全

从技术层面确保产品质量的安全，一直是贵州国有企业履行社会责任的主要措施之一。

黎阳公司深入践行"质量制胜"战略，加强系统谋划，严格过程管控，狠抓基础管理，各项质量工作稳步推进，质量指标总体受控。制订并启动实施"十三五"质量发展规划和质量综合提升工程实施方案；不断完善"三谁"质量责任体系，推行装备全寿命周期质量责任追究制度；针对重点型号开展综合治理活动，严格质量问题双五归零管理，优化问题处理流程，促进问题改进；深入开展了检验检测、计量、无损检测技术方法的研究应用与推广，以数字化检测项目为代表的信息化建设工作初见成效；通过用户走访和培训等方式，着眼用户需求，加强保障支持，圆满完成多项重大服务保障任务。

高速集团全年开展4次季度质量大检查，4次专项检查，3次飞行检查，30余次工地巡查，总计排查出各类质量问题及隐患300余个，下发检查通报、督办通知书20余份。全年召开4次季度质量管理工作会议，对各单位出现的质量问题进行通报并形成会议纪要下发。

习酒公司建立实施质量安全追溯体系，通过原辅材料进货查验、生产过程控制、产品出厂检验、市场流通等四个关键环节，产品、生产、设备、设施和人员等五个领域，原辅材料入库、贮存、出库、生产使用、制曲、发酵、蒸馏、勾调、灌装、产品流通等10个过程和关键控制点，实现了对白酒生产过程的全方位覆盖。通过建立完善质量安全追溯体系，真实、准确、科学、系统地记录生产销售过程的质量安全信息，实现了白酒质量安全顺向可追踪、逆向可溯源、风险可管控，发生质量安全问题时产品可召回、原因可查清、责任可追究，切实落实质量安全主体责任，保障白酒质量安全。习酒因为质量检验、管理工作成绩突出，习酒公司被中国质量检验协会授予"全国质量检验工作先进企业"称号，公司多个质量管理小组被评为国家、省级优秀质量管理小组。

2016 年，瓮福集团以"当好主力军，建功'十三五'"主题劳动竞赛为主线，以"工人先锋号"创建、省级技能大赛和星级班组劳动竞赛等为抓手，将岗位练兵、技能比武、技能竞赛贯穿于劳动竞赛的全过程。全年举办各类主题劳动竞赛 35 场次，参与面覆盖一半以上的基层班组和员工，一批技术型、技能型的高素质员工通过竞赛脱颖而出，其中有 3 名员工被授予"贵州省技术能手"，12 名选手获得技师资格，为公司的转型发展提供了智力支撑和人才保障。以创建"工人先锋号""星级班组"为载体，不断完善考核机制，丰富竞赛内涵，从基础管理、生产管理、安全管理、民主管理以及文化建设入手，着力打造富有特色的知识型、技能型、创新型、效益型、和谐型、安康型"六型"班组。化工公司磷酸运行班、选矿厂精尾运行班分别被全总、省总授予"工人先锋号"荣誉称号。

贵阳公交集团为规范员工服务行为，倡导工匠精神，全面提升全体员工特别是各服务窗口员工的服务意识和能力，提高公交服务质量，公司正式启动星级员工评定，首批共评定"一星级"员工 2794名。通过正向激励机制，促进全体职工服务意识和能力全面提升，进而提高市民满意度。为切实提升市民出行条件，夯实服务质量水平，公司联合贵州都市报、贵州都市网、贵阳市交通广播电台、贵州电视台等新闻媒体面向市民公开征集公交运营组织、安全行车、优质服务等工作"痛点"，共收到市民意见建议 1135 条，新闻媒体"痛点—

金点子"意见建议 50 条，评选出"金点子"意见建议 10 条，有效提升公司运营组织、安全行车、优质服务等工作水平。贵阳公交集团与交通部科学研究院共同编制《基于大数据的贵阳市公共交通智能化顶层设计》，以大数据助推公交转型升级，创建全新的便民公交出行体系。

贵州轮胎 2016 年度公司内部共提炼出管理创新成果 22 项，其中二等奖 2 项、三等奖 11 项，鼓励奖 9 项，涉及质量管理、成本管理、设备管理、OA 系统建设、物流管理等专业方向。此外，对外推荐的《大型内陆制造企业物流整合管理》、《基于智能制造的轮胎信息化管理》均获得了贵州省第十八届管理创新成果一等奖。2016 年度公司获国家、部（化工系统）、省、市优秀质量管理奖项共计 76 项，其中，全国化工行业 QC 小组活动优秀企业 1 项，全国化工行业优秀 QC 成果共 9 项（一等奖 1 项、二等奖 2 项、三等奖 6 项），全国化工行业优秀质量信得过班组 2 个，全国化工行业质量管理卓越领导者 1 名，全国化工行业质量管理优秀推进者 1 名；贵州省质量管理卓越领导者 2 名，贵州省质量管理优秀推进者 1 名，贵州省 QC 小组活动优秀企业 1 项，贵州省特等优秀 QC 成果 1 项，贵州省优秀 QC 成果 13 项，贵州省优秀质量信得过班组 6 个；贵阳市质量管理卓越领导者 1 名，贵阳市质量管理优秀推进者 2 名，贵阳市优秀 QC 成果 27 项，贵阳市优秀质量信得过班组 8 个。

中国移动贵州公司发挥自身优势，从组织上和技术上整治诈骗电话，不断采取创新手段，提升拦截效率。并且不断提升信息安全管理能力与水平，尽己所能为广大用户营造清朗的网络天空，为国家安全与社会稳定贡献力量。中国移动贵州公司致力于打造绿色、安全、诚信的信息环境，在行业内率先实现了不良信息集中治理，全力做好信息安全工作，全面落实信息安全责任，建立信息安全专业队伍，加强信息安全手段建设。

6. 注重品牌的建设，贵州国有企业的品牌数量和品牌质量不断上升

品牌是社会对国有企业履行质量责任的肯定，它不仅是国有企业的社会形象，也是国有企业追求卓越，努力提高企业管理、质量责任和社会服务的体现。2016 年贵州国有企业通过重视质量责任，强力塑造品牌形象。

2016 年贵州省工业与知识经济联合会授予贵州轮胎股份有限公司履行社会责任的五星级企业，中国出入境检验检疫协会授予贵州轮胎股份有限公司中国质量诚信企业，贵阳市人民政府授予其市长质量奖。

2016 年瓮福集团获得了：化工公司磷酸运行班荣获"全国工人先锋号"、瓮福产品再次荣获贵州省名牌产品称号、瓮福荣获"十二五"全国石化行业节能先进单位、瓮福集团荣获"十二五"全国石油和化工环保先进单位、甘肃瓮福荣获全国"安康杯"竞赛优胜单位、瓮福化工科技公司荣获全国科技工作者创新创业大赛优秀奖、瓮福员工获得贵州省直属企业"金牌工人"和"企业工匠"称号、瓮福荣获"十佳精准扶贫榜样奖"、瓮福获得国家工商总局"守合同重信用"企业资格、2016 年度贵州省履行社会责任五星级企业荣誉。

贵州茅台成功入选中国食品行业十大品牌榜，"2016 年全球烈酒品牌价值 50 强"，贵州省履行社会责任五星级企业，中国食品企业社会责任金鼎奖，贵州大曲和习酒·窖藏 1988 入选 2016 年中国酒业十大最具有价值新品榜单，茅台入选世界品牌五百强最古老品牌。

贵阳北控水务 2016 年获贵州省履行社会责任五星级企业，中国水业最具社会责任服务企业，贵阳市履行社会责任优秀企业。

贵州高速集团通过不断深化拓展"贵州高速"的品牌内涵，积累了高速品牌在多元化领域的影响力和品质形象，形成了城镇化品牌"贵高速·未来城"、服务品牌"高速服务"、旅游品牌"高速旅游"、能源品牌"高速能源"、黔货品牌"最美高速商贸"，从高质量的道路交通基础设施建设者转变为优秀城镇化产品提供者、优质旅游服务、能源和新能源供应商、高质量的高速公路运营服务商、高质量的地方特产营运商。

习酒公司获得中国质量协会授予"全国实施卓越绩效模式先进企业"、国家工信部科技司、中国质量协会授予"第四届全国品牌故事演讲比赛传播奖"、贵州省人民政府授予"贵州省省长质量奖提名奖"、贵州省质量技术监督局授予"贵州省标准化良好行为AAAA级企业"、"酱香型白酒"获"中国标准创新贡献奖三等奖"。

二 贵州国有企业履行质量责任存在的问题

国有企业履行质量责任，是一个任重而道远的话题，需要国有企业的每一个管理者和生产者时时刻刻绷紧质量责任的弦，源源不断向社会提供优质的产品和服务。贵州国有企业履行质量责任方面虽然取得很多成就，但还是有待改进的地方，具体表现在以下方面。

1. 个别国有企业质量管理能力有待加强，质量责任意识落后

贵州个别国有企业在履行质量责任过程中，只强调对生产的产品进行检测，未全方位对原材料和生产进行全方位检测，尤其是对原材料供给的上游和市场服务方面，易于忽视。"质量是企业的生命和安身立命之本"，在个别企业看来，不过是一句空话，过多追求产量而不重视质量，没有高度重视企业质量的管理，重视眼前效益而不重视企业质量。企业大量经费用于广告和市场管理，而对一线生产者质量意识的培训少之又少。

2. 个别企业质量控制能力有待提高，实施有效管理效果不明显

突出的表现形式为，质量观念淡薄，认识不全面，以为低成本、快产出才能实现利润最大化。产量第一、质量第二，质量管理上功夫下的浅，控制质量水平低，用简单的包退、包换解决质量缺陷的问

题。此外，一些企业的员工文化基础较差、素质较低，大多数没有经过专业技术的培训，这也直接导致质量管理渠道不畅通，形成"中梗阻"，管理失效。

3. 个别企业质量管理体系和运行保障体系的机制不够严密，导致质量控制的实际效果不明显

质量体系的建立，目的就是为了保证产品质量和实现企业预定的质量目标，是对企业产品从构想、设计、原材料购买、生产、销售和售后过程的全方位质量控制，其特点是制度化、标准化，是企业质量活动的基本程序。个别国有企业仅仅强调产品生产过程，而对其他过程相对弱化，监管方面存在缺失，导致质量体系虽建立，但是依然无法保证产品质量提高，花费了人力物力，但是质量效果不明显。

4. 个别国有企业质量标准理解较狭隘，以市场为导向而迎合消费者，未按照相关生产标准切实履行质量责任

面临激烈的市场竞争，个别国有企业认为只要抓住消费者，就抓住了市场，通过降低质量标准和价格的手段吸引消费者，简单重复和模仿，缺乏创新，产品虽然多样，但是质量一再下降，混淆了市场需要和质量标准的概念，没有切实履行从生产标准层面履行企业质量责任。

三　贵州省国有企业切实履行质量责任的对策建议

贵州国有企业对贵州经济社会发展作用巨大，是贵州实现后发赶超全面建成同步小康社会的经济支柱。在残酷的市场竞争和不可推卸的社会责任的背景下，贵州国有企业只有不断向社会提供高质量的产品和服务，才能在竞争中脱颖而出，才能完成贵州人民的厚望——带领全省人民同步建成小康社会。贵州国有企业履行社会质量责任还需从以下加强。

（一）构建质量责任监管体系，强化政府、监管部门和消费者对国有企业质量责任的监管

构建政府＋监管部门＋国有企业＋消费者的质量责任监管体系，可以让国有企业更好地履行质量责任，让监管部门更好地发挥监管职责，让消费者通过国有企业质量责任的履行有更多的获得感。国有企业所在地的政府负有对其质量责任履行的领导责任，通过检查学习《中华人民共和国农产品质量安全法》、《质量发展纲要（2011～2020年)》、《贵州省质量发展三年行动计划（2015～2017年)》等法律法规，强化国有企业管理层对质量责任的重视。强化监管部门对国有企业的质量责任的监管功能，对国有企业履行质量责任的工作进行相应评估，对国有企业质量责任进行信息共享、预警通告、风险防范，加强国有企业切实履行质量责任，同时亦为国有企业履行社会责任提供来自第一线的对策建议。监管部门进一步健全对国有企业产品和服务监管的抽查机制，扩大国有企业的监管区域，增加不定期抽样的频次，扩大对产品检测的机构，时时盯住国有企业产品质量和质量责任履行情况的状态。监管部门秉公办事和铁面无私是国有企业履行质量责任工作的"啄木鸟"，可以把质量事故扼杀在萌芽状态。国有企业是质量责任主体和履行者，国有企业的领导者对质量责任和质量安全负有不可推卸的责任，是质量责任的履行者和风险承担者。千方百计让全体员工履行企业质量责任是其重中之重，加强全方位的管理，强化员工责任意识，以向社会提供优质的产品和服务为最基本的职责。消费者是国有企业质量责任的客体，可能会承担质量责任带来的风险，因此，消费者需要弥补对自己接触到的产品和服务方面的知识，以平和的心态对待产品的质量和服务，发现国有企业履行质量责任过程中出现的问题时，通过相关渠道投诉来保护自己的权益。

（二）夯实科研实力，进一步增强国有企业产品和服务的科技含量，强力塑造国有企业产品的知名品牌

引导国有企业对科研工作的重视，加大对科研经费投入和人才工作的重视，通过夯实科研实力进一步增强国有企业产品和服务的技术含量。鼓励和引导国有企业与知名院校、科研机构、智库等机构参与国有企业技术革新和相关质量责任问题的研究。建立独立的国家级和省部级技术机构检验检测公共服务平台机构，加大对国有企业产品质量监督和检测的力度和频率。通过技术的进步推动贵州国有企业的质量建设，以质量建设为契机进一步推动国有企业的品牌建设。科技含量的增加是国有企业品质的基本保证，也是强力塑造知名品牌的基础。产品质量科技附加值含量增加和服务质量的提高，为国有企业产品塑造知名品牌奠定坚实的基础。国有企业可以通过知识产权保护、地理标志保护、专利申请、著名商标等手段，开展知名品牌创建工作。知名品牌的创建是国有企业履行质量责任的路径之一，通过知名品牌的创建，可以带动国有企业内部和外部更多质量好、服务优的产品问世，形成国有企业主动履行社会责任的示范。

（三）国有企业管理层须进一步加强企业质量的管理，引进先进的管理方式，通过履行质量责任来达到质量兴企的作用

国有企业的管理层肩负企业质量责任履行的管理责任，处在履行质量责任的第一线，其管理水平将影响国有企业的质量建设实现程度。国有企业管理者须围绕企业质量责任主动求变，通过管理方式的加强来走质量效益型的发展道路。在企业生产活动过程中，健全企业标准体系建设，并严格监督标准的实行情况；完善企业质量管理体系建设，对企业的质量方针、目标和职责进一步明确，并通过质量体系中的质量策划、控制、保证和改进来使其实现企业的质量责任；引进

现代先进质量管理理念和管理方法，组织团队对企业的质量改进、质量攻关、质量风险分析、质量成本控制、质量管理改进等方面进行探讨；制定质量目标和实现措施，改进和提高生产技术、引进先进设备、不断进行技术升级改造，进一步增强技术中心和产品研发中心的科技实力，强化售后服务质量。国有企业通过强化对质量的管理，可以提高企业的质量效益，充分发挥管理在企业质量责任中的主导作用，从根本上实现质量兴企。

（四）全面提升国有企业在行业内的标准水平，制定和施行高于国家标准和行业标准的企业标准，以标准化促进产业化

标准是国有企业履行质量责任的基础，贵州国有企业应结合贵州的实际，制定和执行领先的行业技术标准，从技术层面通过标准的提升来履行企业的质量责任。标准是一种动态信息，标准制定的内容需要与时俱进，一般情况下使用年限为 5 年，超过年限后，标准就需要进行修订或重新制定，才能同步产业的发展及市场的需求。标准的制定不只是要满足当前国有企业的发展需求，也要对国有企业对行业的发展趋势进行预判，标准内容的拟定要体现先进性及适用性，以更好地履行质量责任。标准在编制过程中需要征求及统筹该行业的各方意见，提炼及总结生产实践中的经验，同时结合在大量前沿研究中有些已经得到普遍认可及广泛推行的科学研究成果，通过大量的科学验证数据来支撑标准内容中各指标的拟定及各项目的设立，综合各方反馈的意见及该标准制定的目的最终确立。贵州的国有企业对引领行业的标准须利用各种媒体进行舆论导向宣传，大力宣传实施标准的重要作用，普及标准化法律法规与基础知识，组织策划标准相关的宣传推广活动，向社会告知企业在技术层面对质量责任的履行和担当。质量技术监督部门须完善标准实施监督机制，健全市场准入和市场退出制度，加强质量监督、认证认可和生产许可等工作力度，建立国有企业

的企业诚信体系，促进标准有效实施，加大对违反标准的处罚力度，确保产品质量安全。政府支持和引导企业全面施行和推行 ISO9000、ISO14000、HACCP 和 GAP 标准认证，将企业投资研发的具有自主知识产权的技术和专利转化为标准，促进技术专利化、专利标准化、标准国际化，抢占行业制高点和话语权，提高企业核心竞争力。

（五）尊重消费者，建立稳定有效的沟通渠道，让消费者熟悉企业履行质量责任

企业生产优质、安全的产品，给消费者提供安全的消费环境，提高产品和企业的信誉，直接促进企业的经营、经济效益的提高，就是企业对消费者履行质量责任。为进一步履行企业质量责任，在企业与消费者之间，运用现代技术建立有效质量信息交流平台，充分发挥12365、12315 等投诉热线的作用，让监管部门、国有企业、消费者之间形成畅通的沟通渠道，有效处理因质量问题或围绕质量纠纷产生的矛盾，避免因质量责任引起新的不稳定因素。为进一步增强消费者的质量意识，维护消费者的合法权益，企业和监管部门须定期开展质量宣传活动，让消费者在消费过程中主动知晓企业质量责任履行情况。

区 域 篇

Regional Report

B.5

贵阳市国有企业社会责任报告

谢忠文[*]

摘　要：　2016年，贵阳市国资委监管企业25家营业收入超过
330亿元，累计实现利润47亿元，实现了有效的保值
增值；大力开展节能环保和绿色化转型，履行国企的
社会环保责任；以大数据引领绿色发展和产业转型升
级；以金融创新助推脱贫攻坚全面建成小康社会；成
为履行企业社会责任的表率和示范。

关键词：　贵阳市　国有企业　社会责任

* 谢忠文，贵州省社会科学院文化研究所副所长，副研究员，博士。

承担社会责任是推进国有企业深化改革的一项重要内容。实践证明，有效履行社会责任能够为国有企业在政策支持、市场开拓、人力资源、国际合作等方面获得比较优势，对国有企业的持续科学发展具有重要的战略性价值。经过全面深化改革和多次调整，贵阳市属国有企业大多数是关系国计民生的企业，政策性和公益性强，是市委市政府实现宏观调控、保障民生、服务社会、提供公共产品和服务的重要载体。贵阳各市属国有企业全面深化改革，全面履行社会责任，促进国有企业发展环境优化，提升国有企业的社会责任竞争力，主动适应和引领经济发展新常态，为促进全市经济社会持续健康发展做出积极贡献。

一　实现资产总额稳中有升，有效履行企业经济责任

2016 年，世界经济复苏形势仍然前景不明，发展处于不均衡状态，同时国际贸易、投资等疲软情况突出。随着贸易保护主义抬头，逆全球化趋势越演越烈，世界经济将长期处于"低增长陷阱"。面对如此严峻的形势，贵阳市属国有企业奋力摆脱不利因素，积极适应和引领经济发展新常态，加快经济产业结构调整和技术改造，不断拓宽市场，经济发展呈现诸多亮点。

到 2016 年底，贵阳市国资委监管企业共 25 家，资产总额达到 9366.56 亿元，比上年同期增长 25.2%；所有者权益达到 2672.24 亿元，比上年同期增长 3.5%；固定资产投资完成 241.38 亿元，比上年同期增长 62.9%；营业收入 330.84 亿元，比上年同期上升 11.8%；累计实现利润 47 亿元，比上年同期上升 1.7%；上交税费 27.94 亿元，比上年同期下降 2.4%。2017 年 1～7 月，贵阳国资委监管企业营业收入实现 199.06 亿元，同比增长 14.6%；利润总额

35.49 亿元，同比增长 37.3%；资产总额 9883.53 亿元，同比增长 17.5%；负债总额 7117.67 亿元，同比增长 23.6%；所有者权益总额 2765.86 亿元，同比增长 4.2%。

二 以大数据为引领，开展技术革新和产业转型

国资系统的重要任务是加快贵阳市国企改革步伐，促进国企转型发展，做大、做实、做强、做优国有资本。在"大数据""云计算""互联网＋"带来大变革的时代，大数据作为新一代信息技术和产业发展带来的机遇与挑战，也给国企改革发展创造新的动力。贵阳在大数据发展中，利用并拥抱大数据变革，为国企技术改革和产业转型升级插上腾飞的翅膀。

阳光产权贵阳大数据交易所积极参与国家大数据交易标准、安全标准、技术标准和应用标准等标准的制定，围绕数据的政用、商用、民用，挖掘各地方政府的数据资源，并以此带动数据要素流通市场建设，现已吸纳阿里巴巴、京东商城、华为、中国人寿、泰康人寿等 300 多家知名企业成为会员单位。

贵阳银行以大数据科技创新为核心，抢抓国内大数据战略资源，加快发展大数据产业，依托贵州大数据综合试验区平台，借助贵阳市在大数据行业资源、技术和渠道优势。加快运用金融云计算等先进设施，与互联网机构和数据供应机构展开广泛合作，实现资源共享，积极推进数谷银行、数谷金服子公司建设，构建大数据金融服务体系，大力发展轻资产业务、交易型业务和平台式业务，形成贵阳银行大数据金融的品牌和特色，以创新迎接大数据金融时代。

贵阳市工业投资（集团）有限公司（简称"贵阳工投"）以大数据产业为重点，强力推进新项目投资建设。组建大数据博览会公司，为 2016 年中国大数据产业峰会的成功举办搭建市场化运作平台；

组建块数据公司，推进"云上贵州"平台的建设与运营，搭建政府数据共享平台；成立贵州省网间互联科技有限公司，参与贵州互联网交换平台的搭建工作；投资 1000 万元，收购贵州泛亚信通网络科技有限公司股权，推进贵阳城市 WiFi 项目建设；"以投资实现引商引智"市场化招商引资模式，引进国内领先的数据库开发及解决方案提供商易鲸捷落户贵阳，为贵阳市 IT 产业发展注入新的活力；协助"货车帮"打造全国最大的货运业呼叫服务中心，拓展互联网金融服务行业经营渠道，为货车帮会员提供全方位服务；与郎玛信息、IDG 等机构共同投资 5000 万元，参与叁玖互联网医院建设。

金阳公司投资约 15.06 亿元在开阳南江乡建设贵阳大数据培训中心（中国·数谷小镇），打造一个集人才培训、会议会展、温泉旅游、数字农业等为核心体验的智慧旅游综合体，目前已经开工建设。组建金建数据公司，建设建筑业视频监控平台对贵阳市 613 个在建工地进行监控，为市住建局"数据铁笼"系统的搭建提供了大量翔实准确的数据，其"金建建筑业视频监控平台软件""金建执法行为分析与监督系统软件"取得了著作权，并在智能化产业领域拓展业务，获得了部分住宅项目的智能化系统业务，参与了贵阳市智慧停车场项目运营方案设计。

贵阳市公共住宅投资建设（集团）有限公司（简称"住投公司"）积极筹措资金，做好窦官服务外包及呼叫中心产业园和中坝职能呼叫及外包服务产业园建设及运营管理工作。目前，窦官园已有安邦财产保险入驻办公，1300 余名大数据企业员工已入住。中坝园已经确定职场办公区域和预留住房，正按南明区政府、科大讯飞公司与公司签订的合作协议，按期开展园区建设工作。

贵阳市公共交通（集团）有限公司（简称"公交公司"）致力于应用大数据技术强化企业决策管理、优化公交线网、提升公交动力配置效率，推出"贵阳掌上公交"，进行公交线路和公交车到站信息查询，方便市民合理规划出行线路。物联集团依托贵阳市大数据平台建设，建立以互联网为基础的"黄河大宗商品交易所贵州物联运营中心"交易平台，已开辟钢需、铝矾土、氧化铝、矿石、锰矿、铁矿、铁合金及云岩区城市基础建设提供甲供材料专场，现正与重庆银行、日照银行洽谈端口对接工作，力争年底实现正式运营。

贵阳市城市发展投资（集团）股份有限公司（简称"城发公司"）结合发展现状与产业转型方向编制了《大数据产业发展规划》，确立了"十三五"期间交通、养老、旅游、经营管理方面的大数据发展目标，完善了大数据产业项目发展的顶层设计。城发公司同中国电信达成合作协议，以观山湖大酒店项目为基础，将酒店中的BA（楼宇自动化）、OA（办公自动化）、CA（通信自动化）、FA（消防自动化）和SA（安保自动化）融为一体，共同打造贵阳市第一家智慧型酒店，实现酒店楼宇整体的智能化管理。

三　绿色生产低碳发展，积极履行"环保责任"

轨道交通建设是环保工作的重点领域。为降低环保压力，轨道交通2号线工程在贵州省率先采用新型玻璃石棉夹心复合板搭建全封闭绿色施工作业车间。该车间围蔽施工优势明显，最大限度地减少施工对附近居民的影响。防护棚采用轻型网架结构，既保证最大限度减少材料用量，又能满足大跨架设的需要，内部安装特殊除尘设备，首先通过负压除尘的方式过滤95%的粉尘，再采取水雾喷淋进一步降尘，最后采用特殊材质的防火吸音板把整个施工作业空间内的扬尘点、噪声源进行全封闭。相比普通的彩钢瓦封闭，不仅可以大大降低粉尘对城市空气的污染、减轻施工噪声对周边市民生活和工作的影响，还能有效防止不利天气对施工的影响。同时有利于现场安全管理和文明施工，具有金属质感的作业间外立面与周边环境相得益彰，有效改善了工地形象，美化了市容环境。贵阳轨道交通还采用了再生制动能量回馈装置，在整个轨道交通供电线网上实现了列车电制动时多余能量的回馈和吸收，并根据吸收功率的大小自动调节导通比以维持线网电压恒定，充分利用列车制动所产生的电能，并有效地减少隧道内因电阻发热而产生的温升，起到化害为利，节能减排的作用。

2016 年，贵阳公交公司秉承绿色发展理念，以建设全国生态文明示范城市为行动指南，全年投入插电增程式新能源车 88 辆，清洁能源车 6 辆，新能源车辆占比达到 14.9%，达到国家推广新能源车辆工作要求，为贵阳城市尾气治理、噪声整治做出了积极贡献，更以实际行动让贵阳市民拥抱蓝天和碧水。2016 年使用天然气与柴油主要污染物大大降低，减少 CO 排放 82.7 吨，NOx 排放减少 1539.65 吨，颗粒物减少排放 3.9 吨。

四　结合自身实际，积极履行社会职责

在公交出行保障上，贵阳公交克服 1.5 环 BRT 及轻轨施工等造成道路严重拥堵，新增线路 12 条，调整延伸线路 22 条，2016 年运营里程 28545.42 万公里，客运总量 59565 万人次。承担社会公益性服务减免乘车人次为 6165.5 万人次，减少收入 11250.93 万元，比上年同期增加减免乘车人次 112.98 万人次，减少收入 661.81 万元。

在城市供水保障上，贵阳水务集团以打造“贵阳供水升级版”为目标，通过规范内部管理、深挖潜力，对 DN50 以上零用水量用户进行核查，与专业漏损控制团队合作开展 DMA 分区控制漏损等工作措施，预计全年完成供水量 23400 万吨，增长率为 1.93%；完成售水量 18500 万吨，增长率为 5%；实现销售产值 42920 万元，增长率为 5%；实现利润 1.1 亿元，增长 23.6%。

在保障房建设上，贵阳住投承建 30855 套保障房全部达到投用条件，完成土建、装饰装修、环境、绿化等建设工作，2017 年底前全面完成所有项目规划、国土等各项收尾工作，以及新庄、杨惠、窦官三个项目小学、幼儿园及各项智能化管理系统建设工作。在棚户区改造上，贵阳住投承建的文昌北路、遵义路等 13 个点 2017 年底前全面完成任务；富源路项目积极推进写字楼建设，力求项目盈亏平衡；见龙洞路项目正式启动，已完成三通一平、土石方开挖等。工商公司承建的新建厂安置房预计 2017 年完成主体工程；金钟桥安置房项目完成主体验收，正进行附属设施施工；九洲巷项目完成三通一平，2017年底即将开展土石方开挖工程；轴承厂、肉联厂综合整治工程预计年底完成。在市民菜篮子保障上，市农投集团以新建农副产品流通体系为切入点，打造现代城市农产品终端流通体系及大型生鲜超市，2016年在六城区修建 21 个大型生鲜超市。目前，7 个投入运营，9 个在建，3 个确定选址，2 个正在选址。

五 加强职工培训，提升员工素质

加强企业领导班子思想建设和作风建设，选好配强企业领导班子，做好企业领导班子的调整充实工作，不断完善法人治理结构。2016 年共调配企业领导人员和相关职务人员 23 人（次），其中根据工作需要任职 6 人，免职 17 人。强化企业经营管理人员的综合素质和能力提升，在中山大学举办了一期"现代企业管理"专题培训班，厦门大学举办一期国企改革发展专题培训班，上海交通大学举办一期高层经营管理人员专题培训班，山西财经大学举办一期财务管理专题培训班，主动适应企业转型升级需求。聘请省内党校老师对监管企业班子成员和中层管理人员学习十八届五中全会、习近平总书记视察贵州重要讲话、省委十一届六次全会和市委九届五次全会精神，进行新修订的《中国共产党廉洁自律准则》和《中国共产党纪律处分条例》的专题辅导。

六　加强安全信访维稳工作，为经济社会发展保驾护航

一是强化安全生产指导。按照《市政府与市国资委签订的安全生产目标责任书》的要求，分别与监管企业签订了安全生产目标责任书。制定下发、转发安全生产文件 21 个，召开 3 次安全生产调度会，组织开展安全隐患排查 5 次，对存在问题全部明确措施、整改时限、落实整改责任人，整改率 100%。

二是狠抓信访维稳工作。紧紧围绕"两会""数博会""生态文明会议""党的十九大"等重点时段的工作部署，不断指导监管企业从源头化解矛盾，确保企业不发生进京赴省到市非访。按照市维稳办和联席办的通知要求，督促各企业切实开展好"一号工程"，定期开展信访维稳排查。抓好上级交办案件的办理工作，对转办案件、信访部门交办案件、网上信访件等信访办结率 100%。做好接访工作。接访"企业改制问题""离退休人员""涉军群体""职教幼教"等群体和来访群众 50 余批 2000 余人，妥善处置他们的诉求，确保了我市经济建设和国有企业改革发展的稳定。

三是妥善处置企业改制遗留问题。按照市政府与贵安新区签订的原黔鹰 5708 厂移交协议，从年初开始，多次配合贵安新区就职工住房分配、遗留问题处置、资金问题进行研究，协助贵安新区做好历史遗留问题的化解；积极协助有关部门做好原核工业集团贵化公司职工的住房分配，做好企业职工有关政策解答工作；妥善处置工商公司、机电集团、工投公司有关改革改制遗留问题的化解工作。

四是用大数据开展安全生产监管。贵阳市轨道公司通过建立安全

风险监控中心和安全风险信息管理平台，用大数据手段对轨道交通项目工程建设进行有效监控与管理，连续 6 年无安全生产责任事故发生。信息平台建立两年来，高峰时期共对贵阳轨道交通 1 号线 40 个工点开展监控，目前监控 22 个工点。截至 2016 年 12 月 29 日，通过信息平台共计自动发布 12000 余条各工点监测数据异常短信提醒，手动发布天气异常提醒短信和监测数据超限及其他安全提醒短信共计 330 条；共计发布日常巡检通报 80 期，发现大、小问题 1062 个；开展专项巡检 4 次，发现问题 261 条；开展 4 次专家巡检，提出建议 28 条；"挂牌督办"问题 246 个；发生预警工点 10 个，发布预警 14 次，消警 20 余次。

七 发挥资本市场作用，助力脱贫攻坚

贵阳市农商银行成立以来，坚持服务"三农"、服务中小微企业、服务社区市民的定位，在保持自身稳定增长的基础上实现省市政府精准扶贫目标。贵阳农商银行是定位为促进农村经济发展的金融机构。为了更有效地推动资金流向农村，农商行首先在信贷资源的分配上，更加注重向"三农"和民生领域倾斜，更加注重对一些具有基础性、全局性、战略性项目的支持。例如加大了对贵阳北部农产品电商物流园、贵阳地利农产品物流园的支持，与两个园区签订了全面战略合作协议，分别注入了 3.8 亿元和 5000 万元的贷款。此外，为了使市场提高资金周转使用率，进一步对市场主体的成本下降进行了部署，贵阳农商行对支付结算方案进行了重大调整。从实际效果来看，农商行的结算方式调整对贵阳降低菜价起到了重要作用。这一做法，在农商行已经成为一种重要机制，根本上为城乡一体化共享发展的体系构架奠定了金融基础。目前，贵阳农商银行信贷支持农业产业化企业已达到 22 家，授信总额达 19.27 亿元，发放贷款额达 8.45 亿元。

全行涉农贷款额达 64.9 亿元，同比增长 3.82 亿元。

一是以知识资本构造"三农"立体服务体系。根本上来说，扶贫必须扶智，要从根本上解决贫困群众知识缺乏的根本性问题。为此，贵阳农商行着力在扶贫政策、致富信息技术、金融知识、金融安全信用意识、现代金融工具的使用上对贫困群众进行了进一步的灌输和培训。而达到这一目标要求必须创新载体。贵阳农商行创建并进一步改革了"金融夜校"这一载体。2016 年，贵阳农商行在贵阳范围内共举办了 6 场金融夜校的相关培训，直接接受培训的农户达 2000 人。为了进一步将这一模式进行扩展，贵阳农商行还在全行辖区或网点覆盖的乡镇推广这一做法。此外，让农户树立诚实守信的形象，贵阳农商行在白云区牛场乡创建了首个信用乡。迄今为止，共建设了信用乡镇 12 个，信用村、信用组和信用农户分别是 85 个、525 个、305 万户。为了防止脱贫户返贫，农商行创新体制机制，实施了精准贷款，支持农户发展持续性强、盈利能力好的产业。为此，贵阳农商行获得了"普惠金融优秀社会责任奖"。

二是支持小微企业稳定发展。长期以来，小微企业融资难、融资贵的问题比较突出。对贵阳来说，由于经济发展水平尚处于工业化发展中后期，小微企业占比较大，同时，小微企业在激烈的市场竞争中也处于劣势地位。对此，农商行经过多年的市场经营，将信贷的重点放在辖区内小微企业融资需求上，并将这一战略作为银行发展的重大战略转型。农商行下大力气对产品服务进行创新，持续增加金融产品的研发，推出了互助担保基金及"税信贷"等小微企业免担保信用贷款。这一举措，为那些资金需求迫切，同时又缺乏担保载体的小微企业解了燃眉之急。为进一步增加贷款的便利性，农商行研发了在线贷款申请平台，并成功运作，效果非常明显。这一做法极大地提升了小微企业贷款的便利性。在"大众创业、万众创新"的大背景下，市总工会推出了"雁归援助行动"，旨在为返乡农民工创业创新服务，特别是重点培育返乡农民工创业企业。为了精准落实这一行动议程，农商行对返乡农民创业的示范企业进行了走访调查，对35户重点企业进行了贷款，发放贷款推动贫困农民的再就业。开发了"惠工贷"产品，在市工会的扶持下，农民工可以从银行获得最高达12万元的贴息贷款，贴息时间最长可达2年。对一些经过乡镇（街道）党（工）委推荐的农村党员发放最高额达20万元、并由区县党委组织部给予专项贷款贴息。农商行还推出了"特惠贷"精准扶贫农户小额信用贷款，秉承"银行政府合作、免除担保抵押、信用方式发放、扶贫贴息支持、县级风险补偿"的原则，针对贵州省扶贫主管部门建档立卡的贫困农户，提供的贷款最高额可达5万元、最长期限可达3年。这一举措一方面反映了农商行积极融入市场、分析市场、把握市场的主动性；另一方面也反映了农商行强烈的责任担当，把自身的发展议程与国家发展的重大战略紧密结合起来，切实发挥一个金融企业的社会责任。

三是对接大数据战略，服务农村电商产业园。农村电商是近年来贵州脱贫攻坚的重要生力军，是国家电子商务战略的重要主体，在农业增效、农民增收、农村繁荣的进程中起到了不可替代的重要作用。为此，贵州依托大数据战略，立足本省实际，打造了特色鲜明的电子商务，并把农村电子商务培育成一个新的增长点和助推农村脱贫攻坚的重要力量。为此，贵阳农商行积极响应这一战略号召，召开了"贵阳农商银行精准扶贫暨加强农村金融服务工作推进会"，按照这一工作要求，贵阳农商行适时调整了战略方向，抢抓农村电商发展的战略窗口，优化农村金融服务布局，对农村电商进行持续性支持。以大数据为引领，做实精准信贷扶贫。通过大数据了解和掌握电商企业、涉农企业、贫困农户的经营情况和资金需求，提高金融服务的精准性，支持农村建设与农户脱贫。抓住贵阳市发展农村电商产业打通"最后一公里"的有利契机，做实贵阳农商银行"最后一公里"金融服务保障工作，把金融服务融入贵阳市美丽乡村建设、精准扶贫、农村综合整治。为较快进入农村电商产业链条，工商行选择了贵阳市供销社和清镇市商务局进行了合作，对贵阳市白云区农村电商体验中心、阿所村农村电商等主体进行了摸底调查，掌握了贵阳市农村电商发展的痛点、难点和关键环节，准确掌握了金融服务与"精准扶贫"工作和农村电商业务的结合点，发挥农商行"机制活、易掉头"的经营特点，切实发挥金融支农、金融支持大数据发展，以及金融支持"精准扶贫"工作的积极作用。同时，以白云市级贵州省农村电商聚集区为中心，布局了乌当、清镇、息烽、修文等四个县级电商服务中心的电商金融服务网络，100余个村级农村电商便民服务站为网点的全市农村电商服务网络体系，对新型农村电商企业提供信贷支持，促进电商企业稳健发展，实现农户、企业、银行、政府多赢的局面。

四是做实"最后一公里"金融服务。金融服务的末梢（或最后一公里）常常是那些大型金融机构所不愿也不能有效进入的场域。这是因为大型金融机构在农村基层服务会有情况不清楚、下沉困难、运营成本高等劣势。对于农商行这种长期耕耘农村，在农村具有重要组织基础和认同基础的中小型金融机构，恰恰是潜在的增长点。为了进一步占据金融服务"最后一公里"，服务"三农"发展，农商行花了大量的精力进行市场调研，对农业示范园区、农业龙头企业进行了走访调查和营销攻势。对现代农业示范园区和农业龙头企业建立了台账，并进行精准管理，实施一户一策。进一步明确了"禽、畜、蛋、奶、菜、果、药、茶"的特色农业产业作为金融服务的主攻方向，着力抓好龙头企业的管理工作。落实惠农政策，反哺农村发展，把美丽乡村和农业示范园区建设作为当前乃至今后一定时期内"三农"工作的重要抓手和载体，强力推进。在精准扶贫开发方面，以省联社进一步推动贵州农信金融扶贫工作"三点意见"为重心，以实现贵阳市贫困村全部"减贫摘帽"和在全省率先建成小康社会为目标，面向农村贫困农户，以及贫困村镇所在地的企业和组织，实施一系列金融扶贫和支农措施。

五是进一步做好金融扶贫规范化、制度化工作。农商银行继续将金融扶贫与农村信用工程建设相结合，对那些创业就业困难的建档立卡贫困户大力支持。通过发放支农小额信用贷款，对"两因贫困户""两缺贫困户"等大力扶持，支持他们创业创新，在较短的时间内实现稳定脱贫的目标。此外，继续落实"特惠贷"政策，全面开展对建档立卡贫困农户的建档评级授信工作，力争实现建档立卡贫困农户建档评级授信100%覆盖，切实落实"特惠贷"精准扶贫低利率、低成本信贷支持，帮助贫困农户"换穷业"。

值得一提的是，农商银行将积极对接大数据管理部门，依托大数据信息资源强化信贷风险管理。充分利用"贵农云""扶贫云"大数据资源对借款人信用、还款能力、经营情况综合分析，提高信贷风险管理能力和支农信贷风险管理水平，进一步提升涉农业务资产质量和支农服务能力，促进支农、支贫贷款的良性发展。

B.6
毕节市国有企业社会责任发展报告

李德生*

摘　要：　毕节市国有企业积极适应新常态，经济运行总体平稳。由于受到民营企业大力扩张和供给侧结构性改革影响，企业产值增长速度有所下降，增加值占地区生产总值的比例也呈现明显下降的趋势，给履行社会责任带来了困难。尽管如此，毕节市国有企业致力于地方基础设施建设，坚持推进自主创新和技术进步，建立规范制度、保障安全生产，在确保企业发展的同时努力提高服务质量，注意生态环境保护，较好履行了自己的经济责任和社会责任。

关键词：　毕节市　国有企业　社会责任

一　毕节市国有企业基本情况

从管理权属来看，毕节市国有企业主要分为三大类型：一是中央、省属大型国企在毕节设立的分公司或子公司，如银行、电力、通信、烟草等；二是毕节市政府和政府部门投资或控股成立的公共建设、交通、旅游、水电煤气类等公司，如贵州毕节高速发展有限公司、毕节

---

* 李德生，贵州省社会科学院党建研究所，副研究员。

市交通建设集团有限责任公司、贵州省毕节市供水总公司、贵州省毕节市公路工程公司、毕节飞雄机场有限责任公司、毕节旅游开发（集团）有限公司、毕节市信泰投资有限公司、毕节市博宇煤气有限公司、毕节阳光园林绿化有限公司等；三是毕节所辖区县投资或控股成立的小型国有企业，如毕节七星关工业发展有限公司、贵州黔西职工食堂、威宁县对外经济贸易公司、纳雍县市政工程建设有限责任公司等。

从行业分布来看，毕节市国有企业以电力提供和烟草生产最为突出，其中仅电力行业就集中了十数家之多，如中电投贵州金元集团股份有限公司纳雍总厂、贵州金元茶园发电有限责任公司、贵州金元黔西发电有限责任公司、贵州西电电力股份有限公司黔北发电厂、国电织金发电有限公司、毕节市龙洞水电站、毕节市郊供电局马场水电站、金沙县清池镇匡岩水电站、金沙县岩孔镇渔箐沟电站、贵州大方发电有限公司等。

从产值规模来看，2016 年毕节市国有企业增加值在地区国民生产总值中占比较少，增长速度呈下降趋势。以工业为例，毕节市 2016 年实现工业增加值 488.6 亿元，比上年增长 11.1%。规模以上工业增加值 401.3 亿元，比上年增长 11.6%。其中，国有企业实现增加值 68.2亿元，比上年下降 3.8%（2015 年国有企业实现增加值 86.8 亿元），仅占地区生产总值的不到 14%（2015 年国企占比 19% 以上）。从单项产品来看，毕节卷烟是主要的地区国企产品之一，2016 年产量 205 亿支，比上年下降 7.9%。烟草生产加工所需主要原材料烤烟播种面积和产量也同时出现下降趋势。2016 年毕节烤烟种植面积为 35974 公顷，同比下降 6.25%，烤烟产量 67600 吨，同比下降 5.28%。

二　毕节市国有企业履行社会责任的情况

（一）大力增加固定投资，为地区经济发展奠定基础

2016 年，毕节市开工建设了 5 条 300 余公里的高速公路、9 条

600 余公里的一级公路、116 座大中小型水库等一批重大基础设施项目，吸引各类资本总额 2400 亿元左右，其中 58% 为国有企业和政府投资，这批项目的实施必将为毕节市的长远发展奠定良好的基础。

正在紧张施工的夹利水利枢纽工程就是其中的一个典型。该工程主要目的是提供农田灌溉和城乡用水，但同时也可以兼顾发电，是贵州省有史以来规模最大的水利枢纽工程，可以为受水区内 90.03 万亩耕地和毕节市大方城区、遵义市中心城区、黔西县城、金沙县城、纳雍县城、织金县城、仁怀市等 7 个城镇以及 8 个工业园区及七星关火电厂、69 个乡镇、365 个农村集中聚居点 267 万人提供生产生活用水，总供水量 6.88 亿立方米/年。对于确保贵州省供水安全、防洪安全、粮食安全和生态安全，具有重大意义。

（二）稳增长防风险，确保国有资产保值增值

实现国有资本的保值增值是国有企业的根本任务，也是国有企业履行社会责任的重要基础。2016 年，在市委、市政府和上级业务主管部门的正确指导和大力支持下，毕节市工业能源委员会以供给侧结构性改革为主抓手，着力稳增长、促改革、调结构、增效益、防风险，奋力打造毕节工业发展升级版，在宏观经济下行压力不断加大的严峻形势下，全市工业发展呈现运行平稳、总量提升、转型加快、后劲增强的态势，为全市决战贫困、提速赶超、同步小康战略实施充分发挥了积极的支撑引领作用。

在国有资本相对集中的电、烟、酒、旅游等行业，通过大力争取火力发电指标，全力推进直供电改革，新建成织金电厂、茶园电厂以及威宁么站光伏发电项目，全年累计发电 384.8 亿千瓦时，同比增长 30.5%，其中火电 343.7 亿千瓦时，同比增长 29.5%。黔北水电厂沙坝电站截至 2016 年 11 月已完成年度发电量 12391.8 万千瓦时，超

任务 107.45 万千瓦时，这也是该电站投产发电 10 年以来，首次完成年度发电任务并盈利；通过多次主动对接省中烟公司，提高高档烟的生产比例，争取遵义"软蓝"生产线转移到毕节市生产，卷烟生产基本符合预期，全年卷烟产值降幅从最严峻时期的 - 40% 收窄到 -10%；新增 3 户白酒规模企业，有力地促进了白酒行业的增长，规模以上白酒企业实现产量 1.23 万千升，同比增长 42.1%；旅游业"井喷"增长，实现旅游总收入 444.5 亿元，同比增长 42.2%，接待游客 5494.3 万人次、增长 34.2%。

2016 年，毕节市本级管理的平台公司：市建设投资有限公司、信泰投资（集团）有限公司、水务投资（集团）有限责任公司、交通投资建设集团有限责任公司、泰信融资担保有限公司、科技创业投资公司，总资产 895 亿元，负债 593 亿元，所有者权益 301 亿元，2016 年收入总额 20 亿元。其中市信泰投资（集团）有限公司和市建设投资有限公司外部评级为 AA 级。

表1　本级管理国资公司 2016 年末资产情况

序号	单位名称	资产总额（万元）	负债总额（万元）	所有者权益(万元)	资产负债率(%)	收入总额（万元）	利润总额（万元）	净利润（万元）
1	毕节市建设投资有限公司	3165201.92	1674691.96	1490509.96	52.91	51081.89	5432.23	3163.91
2	毕节市水务投资（集团）有限责任公司	11037.3	5067.8	5969.5	45.92	2702.3	107.6	32
3	毕节市泰信融资担保有限公司	18149.28	95.4	18053.88	0.53	2.1	14.07	10.55

序号	单位名称	资产总额（万元）	负债总额（万元）	所有者权益（万元）	资产负债率(%)	收入总额（万元）	利润总额（万元）	净利润（万元）
4	毕节市信泰投资（集团）有限公司	3165384.58	2042198.53	1123186.05	64.52	126554.4	3603.21	3336.04
5	毕节市交通建设集团有限责任公司	2584505	2210588	373917	85.53	15221	−21148	−21148
6	毕节市科技创业投资有限公司	2972.48	0	2972.48	0	11	−25	−25
	合计	8947250.56	5932641.69	3014608.67		195572.69	12015.89	14630.5

表2　各县（区）政策性担保机构基本情况

序号	机构名称	注册资本（万元）	股权结构	资产总额（万元）
1	毕节天翼融资担保有限公司	19800	七星关区政府出资，占比100%	19800
2	毕节市七星关区农业产业发展担保有限公司	10000	七星关区财政出资，占比100%	10421
3	大方县惠农融资担保有限公司	12000	大方县财政局出资10000万元，占比83.33%，省担保公司出资2000万元，占比16.67%	14775
4	黔西县杜鹃花都担保有限责任公司	10000	黔西县财政局出资7000万元，占比70%，省担保公司出资2000万元，占比20%，县乡投资公司出资1000万元，占比10%	14562

序号	机构名称	注册资本（万元）	股权结构	资产总额（万元）
5	金沙县汇金中小企业信用担保有限公司	10000	金沙县财政局出资9000万元，占比90%，省担保公司出资1000万元，占比10%	11045
6	织金县同心光彩助农融资担保有限公司	3000	全国工商联出资2500万元，占比83.33%，织金县政府出资500万元，占比16.67%	3101
7	织金育才中小企业信用担保有限公司	20000	织金县财政出资18000万元，占比90%，省担保公司出资2000万元，占比10%	20103
8	纳雍县现代农业融资担保有限责任公司	3000	纳雍县政府出资，占比100%	5073
9	威宁彝族回族苗族自治县惠民发展信用担保有限责任公司	10000	威宁县财政出资，占比100%	15863
10	赫章县中小企业发展担保有限公司	10000	赫章县财政局出资8000万元，占比80%，省担保公司出资2000万元，占比20%	10126
	合计	107800		124869

资料来源：毕节市国有资本投资运营（集团）公司组建方案。

（三）强化目标体系，推动生产技术进步

2016年，贵州中烟工业有限责任公司毕节卷烟厂针对贵州中烟制定的397项降本增效指标，将涉及卷烟厂的63项指标全部纳入降本增效目标体系，并在此基础上增加了10项，形成73项降本增效目

标指标体系。在确立目标体系的基础上，毕节卷烟厂采取多项措施，切实推动降本增效工作的开展。一是大力开展设备自主维修和修旧利废工作，凡是能通过自主维修解决的项目，一律不再外包，并对高价值的零部件进行重新修复利用，在实现成本节约的同时，进一步提升广大职工的技术水平和动手能力；二是通过优化供应商选择、采购途径转变，强化计划审核、协调调配资源等措施，达到实现节约采购成本的目的；三是综合考察梳理调整业务内容、优化业务流程、严控用工部门临时业务申报等，促进劳务费用有效降低；四是充分运用精益管理的分析工具，及时进行问题诊断，组织开展课题攻关，推动各项管理和技术水平的不断提升，同时通过推进定员、定岗、定编工作，多层面推进员工教育培训工作，促进员工一岗多能，减少人工成本支出，提高劳动效率。根据相关数据显示，毕节卷烟厂 2016 年全厂共节约设备维修费用 840 余万元、采购成本 145.46 万元，减少采购资金占用 422.37 万元，包装设备运行效率同比提升了 4.19 个百分点，降本增效目标达成率为 89.04%，工作成效明显。卷烟制造完成税收 30.18 亿元，占比 45.04%。

（四）狠抓服务管理，提高客户满意度

2016 年，毕节供电局第三方客户满意度测评 75 分，相比 2014 年提升 11 分。这一来之不易的分数，是该局立足实际，重点围绕提升供电可靠性、解决客户用电问题、加强政府及客户沟通、提高员工综合素质等方面开展工作，通过狠抓服务管理，在提升客户满意度上下足功夫，树立优质服务"金字招牌"，打造"管理好，服务好，形象好"电网企业，提升电力优质服务水平实践与探索过程中取得的丰硕成果，也是国有企业履行社会责任的一个良好缩影。

加强电网建设，提升供电可靠性。2015～2016 年投入 7 亿元资金实施电网主网、配网及农网建设，优化电网结构，提升电网安全运行水平和供电保障能力。截至 2016 年末，毕节电网已建成 1 座 500 千伏变电站，9 座 220 千伏变电站，44 座 110 千伏变电站，75 座 35 千伏变电站。形成以 500 千伏变电站为中心，各区县 220 千伏变电站为环网的主网网架。2016 年毕节供电可靠性为 99.81%、客户年均停电时间 36.29 小时、综合电压合格率为 97.48%，辖区内所有 220 千伏变电站已经达到双电源保障，极大地提高了电网的安全稳定性。

反思现状，强化培训管理。针对 2014 年第三方客户满意度 64 分的成绩，毕节供电局将客户满意度工作纳入全年重点工作，与绩效考评挂钩，通过座谈、工作会议、现场调研等方式，将提升客户满意度的要求传达至全体员工，查找问题根源与症结，提出改进措施和建议。通过强化培训管理，重点做好服务人员礼仪形象、服务态度、服务技巧等方面的培训，开展以"星"服务提质量，以"心"服务塑形象，以"新"服务传幸福活动，提升一线服务人员综合素质，增强客服人员处理客户问题能力，切实减少客户投诉比例。

加强客户问题管理，打造贴心服务。为切实保障客户权益，毕节供电局强化客户服务中心职能，采取"量化、限时、定责"的方式，以客户问题为导向，将 95598 等渠道收集的客户问题横向传递到生产、基建和物资等专业部门，由专业部门组织处理，服务调度进行全流程跟踪督办，确保解决措施有效落地；为切实提高交费便捷性，为客户节省交费时间及交通成本，毕节供电局在 2016 年全面推进非现金交费工作，全局的非现金交费比例同比提升 15.06%；抓好停电管理，通过开展夜间作业检修、带电作业检修，切实减少客户停电时间；制定《恒大集团帮扶大方县供电服务方案》，抽调人员组成"恒大帮扶电力服务队"，开设报装用电"绿色通道"，为企业提供高效快捷的贴心服务。同时做足用电各项准备工作，全力为全球最大食用菌企业雪榕公司食用菌基地用电提供可靠电力保障和优质服务。

（五）加强污染源排放检查，切实履行生态责任

来自毕节市环保局关于国控污染源（包括部分国有企业）监督性检测结果显示，全年当中不定期检测结果全部达标，充分显示毕节市企业切实履行了自己的生态责任。以下是部分月份的检测报告。

根据《国务院办公厅关于转发环境保护部"十二五"主要污染物总量减排考核办法》（国办发〔2013〕4号）和环境保护部、国家统计局、国家发展和改革委员会、监察部《关于印发"十二五"主要污染物总量减排统计、监测办法的通知》（环发〔2013〕14号），贵州省环保厅《贵州省环境保护厅关于2015年贵州省国控重点污染源监督性监测和在线监测设备比对监测工作安排的通知》（黔环通〔2015〕40号）等文件要求，依据下发国控污染源名单，现将2016年2月全市国控重点污染源监督性监测结果公布如下：2月监测国控重点污染源共10家，其中废水国控重点企业2家（贵州金沙窖酒酒业有限公司、贵州中岭矿业有限责任公司），污水处理厂8家（毕节城市污水综合治理有限公司、大方县城污水处理厂、黔西县污水处理厂、金沙县政业环保有限公司、织金县污水处理厂、威宁县污水处理厂、赫章县污水处理厂、七星关区海子街镇污水处理厂）。共监测国控污染源10家，达标排放企业10家。

2016年6月共监测废水国控企业2家（贵州金沙窖酒酒业有限公司、贵州中岭矿业有限责任公司），污水处理厂6家（毕节市城市污水综合治理有限公司、七星关区海子街镇污水处理厂、大方县污水处理厂、黔西县污水处理厂、金沙县政业环保有限公司、织金县污水处理厂）。6月共监测废水国控企业2家，达标排放2家；监测污水处理厂6家，达标排放6家。

2016年12月25日，毕节市环保局对全市21家国省控企业自动在线监测设备开展了数据有效性审核。全市国控企业共有在线监测设备

67 台, 本季度应审核 61 台, 实际审核 61 台, 合格 61 台, 监督考核完成率为 100%, 有效性审核合格率为 100%。其中, 毕节金河化工有限公司 2015 年 9 月停产至今; 永贵五凤煤业有限公司五凤煤矿 2015 年 10 月停产至今; 贵州中岭矿业有限公司设施老化, 更换中, 未纳入有效性审核。审核有效期为 2017 年 1 月 1 日至 2017 年 4 月 1 日。

具体名单如下。

毕节市国控企业 2016 年第 4 季度自动监测设备数据有效性审核汇总毕节市环境保护局。

（1）毕节金河化工有限公司 2015 年 9 月停产至今, 未纳入审核。

（2）毕节市污水处理厂进口、总排放口 COD、$NH_3 - N$ 合格。

（3）七星关区海子街镇污水处理厂进口、总排放口 COD、$NH_3 - N$ 合格。

（4）大方县污水处理厂进口、总排放口 COD、$NH_3 - N$ 合格。

（5）黔西县污水处理厂进口、总排放口 COD、$NH_3 - N$ 合格。

（6）金沙县污水处理厂进口、总排放口 COD、$NH_3 - N$ 合格。

（7）织金县污水处理厂进口、总排放口 COD、$NH_3 - N$ 合格。

（8）威宁县污水处理厂进口、总排放口 COD、$NH_3 - N$ 合格。

（9）赫章县污水处理厂进口、总排放口 COD、$NH_3 - N$ 合格。

（10）永贵五凤煤业有限公司五凤煤矿 2015 年 9 月停产至今。

（11）贵州金沙窖酒酒业有限公司总排放口 COD、$NH_3 - N$ 合格。

（12）贵州中岭矿业有限公司设备更换、未验收、暂缓考核。

（13）毕节明钧玻璃股份有限公司一期废气排放口氮氧化物、二氧化硫合格。

（14）贵州华电毕节热电有限公司一号、二号机组净烟气合格。

（15）中电投贵州金元集团股份有限公司纳雍发电一厂一号、二号、三号、四号机组净烟气合格。

（16）中电投贵州金元集团股份有限公司纳雍发电二厂一号、二号、三号、四号机组净烟气合格。

（17）贵州黔西中水发电有限公司一号、二号、三号、四号机组净烟气合格。

（18）贵州大方发电有限公司一号、二号、三号、四号机组净烟气合格。

（19）贵州西电电力股份有限公司黔北发电厂一号、二号、三号、四号机组净烟气合格。

20.国电织金发电有限公司一号、二号机组脱硫净烟气合格。

（21）贵州金元茶园发电有限公司一号、二号机组脱硫净烟气合格。

（六）强化安全运营，积极促进就业

根据毕节市安全监管局统计数据显示，2016年毕节市全年发生事故总数为269起，死亡人数130人，没有出现重大及以上事故。其中事故发生主要分布在道路运输领域，共计256起，死亡人数114人。而煤矿、化工和危险化学品、烟花爆竹、冶金机械、水上交通、民航飞行等事故易发领域全年没有发生任何事故，足可证明当年毕节的安全管理是非常过硬的。

作为加强毕节地区与外界快速联系的主要手段，毕节飞雄机场在安全运行方面做出了表率。2016年，飞雄机场自身发展取得了重大突破性进展，不仅新增了四个通航城市，而且完成旅客运输总人次比上年增长了三成有余，单年度达到73.3万人次，从而使自己的旅客运输量在省内支线机场和整个西南地区全部支线机场排名获得了大幅度上升。在这种前提下，飞雄机场依然保持了航班安全100%的保障，安全保障航班首次突破1万架次，达到10455架次，同比增长23.1%；从促进就业的层面来讲，企业和社会可以达到双赢的效果，因为企业要获得更好的发展，必须不断引进各种新型人才，逐步调整本身的人才结构，这种人才引进客观上也可以为社会提供更多的工作岗位。毕节市国有企业在这方面也做出了自己的积极努力。如毕节高新建设投资有限公司在 2016 年 12 月一次就面向社会招聘了 50 名工作人员；此外，毕节市水务投资有限责任公司、毕节市烟草专卖局、贵州高速公路集团有限公司毕节营运管理中心、毕节飞雄机场有限责任公司、贵州广电网络毕节分公司、毕节市安方建设投资（集团）有限公司等都面向社会招聘了数量不等的人才，在促进就业方面承担了自己的社会责任。

三 毕节市国有企业履行社会责任的总体评价

（一）企业履行社会责任能力不足

从目前毕节市的实际情况来看，国有企业在社会经济领域的总量占有较少，而且绝大多数国有企业都是以主要精力投身地方经济发展所需要的基础设施建设，在这个大投入的阶段盈利能力相对不足，从而影响了自身履行社会责任的能力。比如为毕节市利税贡献最大的卷烟行业，由于受到国家相关政策和卷烟行情的影响，企业的产量和产值不升反降，所能提供的税收总额也呈现下滑趋势；又如国企相对集中的电力能源行业，由于受到民营资本的大力冲击和煤、电价格波动的影响，许多企业因大投入带来的成本回收还需要一段时间，企业盈利能力还处于相对起步的阶段。

（二）企业社会责任意识相对淡薄

中国企业的社会责任意识在当前看来还存在比较明显的差距，部分企业履行社会责任相对较好，而一些企业的社会责任意识则相对淡薄，后者在经济相对落后地区表现得更加明显。有些企业根本不知道企业的社会责任包含哪些内容；有些企业认为合法经营、照章纳税就是对社会的贡献；有人认为企业的经营目标就是实现利润最大化，履行社会责任会增加企业成本，带来企业运行的负担；有些企业把履行社会责任当成落实如环境保护之类的法律，而没有从企业的长远和可持续发展来进行考虑；有些企业认为社会责任是公共管理部门的事情，缺乏社会事业、人人有责的意识。当然，这种状况随着我国经济总体运行的良性发展和对社会责任的广泛宣传会有所改变。

（三）履行社会责任总体情况较好

毕节是一个承载使命的地方，是全国唯一一个以"开发扶贫、生态建设"为主题的试验区。作为饱受"经济贫困、生态恶化、人口膨胀"困扰的毕节人民来说，牢牢守住生态和发展两条底线已经是他们清醒的集体共识。毕节市国有企业作为地方经济发展的带路人和领头羊，基本上已经把履行生态责任和经济发展责任作为自己的潜意识。即使毕节的国有企业本身还不够强大，不足以拿出更多的利润来承担更多的社会责任，但是，它们在生产经营中的表现充分说明已经尽到了基本的责任，在自觉不自觉之间改善了毕节的发展环境，为毕节未来的良好发展打下了坚实的基础。

案 例 篇

Case Report

B.7
贵州农信社会责任发展报告

郭 丽[*]

摘　要：　贵州省农信社各项社会责任持续健康深入推进，各项
　　　　　主业进展顺利，基础建设力度加大，队伍素质进一步
　　　　　得以提升，脱贫攻坚特惠贷继续发力，金融体制改革
　　　　　深入推进，金融大生态环境良好，社会认可度和影响
　　　　　力加大。

关键词：　农信社　社会责任　发展报告

---

　* 郭丽，贵州省社会科学院党建研究所所长，研究员。

一　2016年贵州农信社社会责任履行情况

贵州省农信社在业务规模持续壮大的基础上，各项社会责任履行到位，社会认可度和影响力进一步提升。

（一）企业自身发展正常

1. 各项业务持续健康发展

2016年，全省农信社业务规模持续壮大。资产总额7077亿元，较年初增加760亿元，增长12%；各项贷款余额3619亿元，较年初增加632亿元，增长21.2%，高于全国农信系统平均水平10.4个百分点，高于全省银行业金融机构3个百分点；各项存款余额突破5000亿元大关，达到5137亿元，较年初增加925亿元，增长21.9%，高于全国农信系统平均水平8个百分点；全年实现各项收入386亿元，同比增加27亿元，增长7.6%，完成计划数的101.6%；经营利润154亿元，同比增加18.4亿元，增长13.6%，增幅较上年上升3.8个百分点；实现中间业务收入6亿元，增长7.6%；全年缴纳各类税金33亿元，同比增加0.8亿元；全省农信社资本充足率为12.2%，较上年末提高0.47个百分点，高于监管标准1.7个百分点；拨备覆盖率为184.9%，较上年末提高19.6个百分点，高于监管标准34.9个百分点；拨贷比6.4%，较上年末提高0.5个百分点，高于监管标准3.9个百分点；杠杆率6.3个百分点，较上年末提高0.7个百分点，高于监管标准2.3个百分点。

2. 员工队伍建设进一步加强

一是为企业注入"新鲜血液"。贵州农信的发展壮大为社会提供了大量就业机会，2016年农信社主要招聘岗位为营业网点柜员，招聘新员工800人左右。二是构建和谐劳动关系。开展送温暖活动。创新员工生日特定慰问模式,以职工生日、法定节假日、生病、婚育慰问等形式为载体,积极主动开展好"婚、育、病、丧、难、生日"等必访活动,切实在做好做细做实上下功夫,切实让广大会员感受到工会组织的关怀。累计慰问职工3329人次,发放金额63.78万元。开展员工互助工作。建立员工互助组织,针对特困职工、失独家庭、残疾子女等困难群体开展走访慰问,累计帮扶因生病住院职工及直系亲属大病造成困难的家庭24户,发放互助金65.6万元。广泛开展文体活动。组织开展贵州农信首届"黔龙杯"羽毛球比赛。以"新春联欢会""三八植树"活动、省财贸金融工会开展的"520大型相亲交友露营季"单身职工联谊等活动为载体,开展干部职工文化活动,营造宽松、健康、和谐、稳定的氛围。搭建兴趣小组活动平台,成立书法·绘画、乒乓球、羽毛球、摄影、篮球5个文体兴趣小组,充分发挥了机关文体兴趣小组作用,增强了职工凝聚力和和谐企业文化建设。

3. 持续推出自主创新的品牌内训项目

一是聚焦高管,组织高管人员履职能力提升相关培训。2016年4月至6月在对外经济贸易大学分5期举办了全省农信社高管人员领导力提升专题培训班。省联社机关、审计中心及各行社副职以上高管人员共474人参训。2016年3月23日至31日,在西南财经大学举办第二期全省农信社财务管理培训班,共54名高管人员参训。结合当前宏观经济形势分析及当前工作要点剖析,专门针对农信社内控与风险管理、"营改增"及税收筹划、互联网金融发展模式与监管等,培训高管人员掌握宏观经济形势,提升专业管理水平。二是创新内训,推出"鸿雁"内训师授课技能专题培训。针对内训师基本素质开展特训,帮助参训员工提升表达能力、逻辑思维能力及舞台掌控能力,"鸿雁"课程由内部师资开发并主讲,举办2期6个班共227人参训。三是优化创新,不断升级"新生代"

新员工培训品牌。2016年8月3日至20日在花溪大学城贵阳中医学院校区举办了2016年"新生代"新员工培训，共800名新员工参训。项目实现了策划、组织、实施的完全自主化，挑选45名业务骨干作为课题组开发成员自主开发面授课题，共设置了柜面业务、技能训练、服务礼仪、高效沟通、情商修炼、团队协作等16门课程。层层选拔130余名优秀内训师担任培训讲师，保证了培训实效，降低了培训成本，还为内训师队伍提供了锻炼舞台，增加了内训师团队实战经验。同时，还开展了信合之歌大赛、素质拓展活动、舞林大会、拔河比赛、七夕会等活动，劳逸结合，寓教于乐，实现了企业文化传承。

4. 升级优化网络学院学习模式

根据员工学习习惯，结合实际业务需要，对网络学院学习模式、考核机制进行完善，实现了PC端单一渠道向"PC端（选修）＋移动端（必修）"转变。截至2016年12月末，网络学院学习人数共计22854人，PC端推送课程共计204门，新推送课程117门，课程学习量总计27.56万人次。移动端推送课程共计33类319门，总浏览量201.75万次，平均浏览量6788.5人次/篇。推出"光明顶"移动学习产品。2016年共开展40期必修课程考试，累计参考人数83.8万人次。推出"为学"课程超市，共设立33个业务条线分类，涵盖日常所有业务条线及工作种类，提供课程556门，其中90%的课程由内部员工自行开发提供。

5. 强化贵州农信大讲堂品牌建设

截至2016年12月末，共举办农信大讲堂24期，全省5.6万余人次参加学习，其中省联社机关现场听课6000余人次。不断丰富讲座内容，针对省委、省政府提出的大扶贫、大数据、大健康、大旅游等重点产业规划，为帮助干部员工学习了解相关政策法规，突破业务知识局限，通过"贵州农信大讲堂"邀请省内外知名专家亲自授课,省人大常委会副主任傅传耀、省政协副主席左定超、国务院扶贫办开发指导司副司长吴华等均来到大讲堂为全省干部员工授课。利用视频会议系统、贵州农信网络学院等平台组织员工开展学习,省联社机关以现场授课为主,各审计中心、各行社以视频会议为辅,同时在网络学院开设大讲堂学习专栏,为员工提供随时随地学习渠道。

(二)脱贫攻坚深化发力

2016年,全省农信社按照省委省政府"大扶贫、大数据"战略行动,积极行动,主动对接脱贫攻坚农业产业化、工业及大数据及服务业转型升级等项目。截至2016年年末,全省农信社已向347个脱贫攻坚农业产业化项目发放贷款39.83亿元;支持工业及大数据项目270个,贷款50.60亿元;支持服务业转型升级项目195个,发放贷款64.75亿元。

在全省农信社推广"脱贫流动服务站"经验做法,让农民不出村享受便捷金融服务。截至2016年年末,79家行社成立了流动服务站工作领导小组,5家行社已开展进村服务,建立流动服务站231个,服务行政村1221个,开展流动服务活动331次,利用流动服务站普及金融宣传2705次,为贫困村民办理各类业务13664笔,业务金额754.37万元。

1.金融精准扶贫推进会

2016年5月27日,省联社召开全省农信社金融精准扶贫推进会。遵义审计中心、六盘水农商行、务川联社、花溪农商行分别就金融扶贫及结对帮扶、"金融+三变+扶贫"、"特惠贷"投放、结对帮扶务川贫困村做了经验交流发言。全省农信社把精准扶贫作为重大政治任务,把工作重心持续放在农村、把信贷资金向扶贫倾斜、把普惠金融落到实处,前期工作措施有力、方法得当、成效显著。突出表现在六个方面：一是强化组织领导，逐步建立扶贫组织机构；二是制定行动方案，明确金融扶贫工作思路；三是突出工作重点，有序推进农村信用工程精准扶贫；四是加大信贷扶持，推进"特惠贷"全面实施；五是强化机制建设，逐步建立风险补偿基金；六是整合系统资源，稳步推进结对帮扶工作。

2. "心系务川、情暖仡乡"行动

2016 年初，省联社遵义审计中心及 24 家行（社）奔赴黔北务川，深入结对帮扶贫困村开展贫困农户新春慰问，在冰天雪地里为务川人民送去春节前的农信温暖。在气温只有零摄氏度以下的环境，贵州农信人迎风踏雪发扬"挎包精神"，克服雪劲、严寒、偏远、路烂的恶劣条件，把问候送到最偏远的贫困村、把温暖带给最困难的贫困户。在这次慰问活动中，省联社遵义审计中心及 24 家行（社）走访贫困农户 2100 余户，送去大米、食用油、棉被、棉衣以及学习用品等生活物资共计 30 万元，并送上慰问现金达 40 万元。这次慰问活动主要有两大特点：一是自发组织、主动对接。完全由各帮扶行（社）自发组织，慰问形式、内容、时间不做统一规定。各行（社）主动联系村支两委，询问具体需求，要求提供特困户名单，使慰问既能切实帮助贫困农户过春节，又能杜绝"撒胡椒面"，加强了针对性、提高了时效性。充分体现了在省联社结对帮扶务川的大背景下，各行（社）主动作为、积极行动，时刻牵挂贫困农户、过节不忘务川人民。二是形式多样、内容丰富。有的联社进行集中统一慰问、有的联社逐户进入家中送去物资，有为老人准备的棉鞋棉服、有为小孩准备的书包文具、有生活必需品、有现场写新春红对联。都是贫困农户急需的物资、过年用得上的物资。

3. "特惠贷"

根据《贵州省精准扶贫"特惠贷"实施意见》（黔扶〔2015〕96 号）的相关规定，全省农信社于 2015 年 9 月在务川率先开展了一

轮遍访和农户建档评级调查工作，截至 2016 年末，务川农村信用联社已累计发放"特惠贷"精准扶贫小额信用贷款 2526 户，12620 万元。为此，务川农信社在全省走出了一条精准扶贫，真扶贫、扶真贫的金融扶贫之路。

4. "四在农家·美丽乡村"

按照省委省政府部署，开展小康路、小康水、小康房、小康电、小康讯、小康寨基础设施建设金融服务工作，积极支持"四在农家·美丽乡村"建设。截至 2016 年末，支持"小康路" 20698 户，贷款金额 220456 万元；支持"小康水" 4180 户，贷款金额 62258 万元；支持"小康房" 441552 户，贷款金额 1515445 万元；支持"小康电" 5927 户，贷款金额 50550 万元；支持"小康讯" 2733 户，贷款金额 15702 万元；支持"小康寨" 54170 户，贷款金额 222297 万元。2016 年全省代理发放农村危房改造补助资金 225645 万元，较上年增加 22679 万元。

5. 信合基金会

2016 年以来，贵州省信合公益基金会（以下简称"基金会"）在省联社和省民政厅的精心指导下，通过省联社相关部门和捐赠人的积极支持配合，坚持关注贵州公益事业，传播贵州农信精神的服务宗旨，按照弘扬慈善，聚焦扶贫，助力脱贫攻坚的总体思路，围绕"十三五"工作规划和 2016 年理事会工作安排意见，认真履行职责，主动协调服务，为充分展现发起人和捐赠人"不忘初心，回馈社会"的社会责任做了大量工作，赢得了良好的社会效果。一年来，按章程规定，基金会召开了 3 次理事会，审议资助项目 22 个，省联社和受益政府签订战略合作协议 22 份，签约资助金额为 16107.2 万元；接受捐赠收入 5015 万元，银行存款利息收入为 83.14 万元；完成项目 15 个。支出捐赠资金共计 16417.19 万元，其中拨付项目资金 16373.45 万元，管理费用 43.74 万元。为贵州省教育事业、生态移民、医疗卫生等符合基金会章程业务范围内的民生项目做出了积极的贡献。

基金会按照省联社"立足长远，谋划未来"的要求，重点落实务川项目，捐赠1.3亿元，资助务川6类7大项167个民生项目进行帮扶实施，分别是：8500万元用于20个镇、乡、村改善人居环境；2500万元用于13个镇、乡扶持农业产业；800万元用于扶贫农村电商；200万元用于扶贫教育事业发展；500万元用于扶贫"贫困村小康水"；400万元用于扶贫医疗卫生事业发展；100万元用于15个乡镇和20个行政村"两室一校"。截至2016年末，已拨付资金9934万元，有效帮扶务川加快脱贫筑建小康社会步伐。基金会还签订15个实施项目合作协议，补充追加资助金额3107.2万元，分别支持了雷山、息烽、道真、播州区、长顺、德江、余庆、修文、毕节教育、生态移民、四在农家等民生项目发展。

（三）建立金融大生态

1. 农民工金融中心

2016年贵州省农村信用社农民工金融服务中心成为全国金融机构唯一获得表彰的先进集体。近年来，贵州省农村信用社不仅为贵州的县域经济发展提供强力支撑，而且通过农民工金融服务中心的设立，鼓励和支持外出农民工"走出去"学习劳动技能，"引进来"脱贫致富经验；特别是2008年3月，贵州省农村信用社率先在全国成立农民工金融服务中心以来，相继在福建、广东、江苏、云南、浙江、北京等5省1市设立农民工金融服务中心13个，积极为黔籍农民工提供信贷支持、法律援助、就业帮助、维权讨薪、心理疏导、扶贫帮困和普及金融知识等服务，做了大量卓有成效的工作，受到社会各界的关注，有效满足了黔籍外出农民工的金融服务需要。

2. "三去一降一补"

在支持供给侧结构性改革，开展"三去一降一补"，降风险、稳增长方面的情况：支持"去产能"。一是严控"两高一剩"行业贷款投放。截至 2016 年底，针对"两高一剩"行业中限制类企业贷款规模较年初下降 6684.86 万元，从而进一步实现信贷资源配置优化。二是分类支持困难企业。截至 2016 年底较年初新增贷款 766975.67 万元，最大限度地帮助困难企业实现近期解危、远期解困的现状。

3. 支持"去库存"

降低购买首套住房首付比例。对在农信社申请贷款用于购买首套购房者的，将首付比例由原来的 30% 调低至 20%；对已经拥有一套住房，想改善居住条件的人群，将首付比例由 40% 调低至 30%。截至 2016 年底，新增购房贷款 658068.70 万元，进一步扩大内需，持续支持房地产行业去库存。

4. 支持"去杠杆"

一是选择条件较好的部分农信社（农商银行）探索开展不良资产证券化业务，降低农信社"杠杆率"。二是引入各类社会资本，对接多层次融资市场，积极推动 PPP 项目融资，为企业提供多层次融资渠道。截至 2016 年底，发放 PPP 项目融资贷款 11500 万元，进一步提升金融资源配置效率，调整信贷结构，降低限制性行业贷款比重，促进企业"降杠杆"。

5. 支持"降成本"

一是降低企业贷款利率。按照收益覆盖风险的原则，贵州省农信社对省内企业新增贷款在现有执行的平均利率基础上给予不低于 10% 的利率优惠。二是降低企业交易成本。继续免除网上银行、手机银行汇款手续费；同时积极联系农信银、银联等机构，争取免除企业承担的相关费用。

6. 支持"补短板"

一是助力脱贫攻坚。始终坚持"微利扶贫、联动扶贫、精准扶贫"三项原则，截至 2016 年底，累计发放"特惠贷"214.66 亿元，惠及全省 55 万名贫困户，最大限度让利于贫困户。二是支持工业转型升级。实施工业企业名单制管理，大力推广"贵工贷""贵园信贷通""黔微贷"等信贷产品，截至 2016 年底，共计发放"贵工贷"166370.73 万元，进一步加大对贵州省战略性新兴产业、传统产业技术改造和转型升级等的支持力度，支持工业领域"大众创业、万众创新"。

（四）技术革新

2016 年底，贵州省农村信用社新核心系统群项目顺利上线。并完成全省新系统应用培训达 300 余人，打破了多年的科技制约"瓶颈"。完成了远程集中授权、IC 公务卡等 48 个业务系统的投产；大力发展中间业务，与新核心同步开展新业务品种实施工作。遵义已实现财政工资统发、公积金、社保卡、居民健康卡、省供电（南方电网）、兴义市供电（市属企业）等新增业务投产，依托新一代中间业务平台新型系统架构，完成批量代发、代扣和开户、烤烟代发、惠农一折通等现有中间业务向新平台迁移程序开发测试工作。启动了理财业务平台、微信银行、信用工程数据库等 12 个软件项目的建设；初步搭建了由数据平台、统一支付平台、中间业务平台、电子银行平台四大业务基础平台构成的业务管理框架。以新核心建设为契机，完成银联联网清算系统架构从 IBM 小型机向 X86 转型，完成人力资源管理系统、统一支付平台等新增系统 X86、集群化部署架构设计；推进虚拟化、云计算等前沿技术研究与应用，已完成开发测试云、生产云平台投产，在外围系统改造工程中发挥出巨大作用。开发测试云仅利用 10 台物理 PC 服务器支撑 150 余套虚拟主机运行，极大缓解了测试环境物理设备数量不足的困境，极大地提高了设备利用率。

二 贵州农信社未来社会责任发展趋势

随着贵州省脱贫攻坚同步小康进程加快，农信社将在脱贫攻坚中发挥更大作用，"特惠贷"的成效将越发明显。同时，随着大生态发展战略的深入和发展，农信社在金融生态建设也将有更大突破，金融生态随着理念的不断强化，举措更加有力，金融生态将逐步更加健康，良性发展。

B.8
乌江公司生态社会责任发展报告

郭 丽[*]

摘　要： 乌江是长江一级支流，是贵州省的重要生态屏障。乌
江清，贵州水就清。处于乌江干流的乌江公司，保护
乌江水质负有艰巨任务。乌江公司降低排放、加大投
入，改进技术，在生态责任履行中起到了表率作用。

关键词： 乌江公司　生态责任　发展报告

一　公司概况

贵州乌江水电开发有限责任公司（中国华电集团公司贵州公司）
（以下简称"乌江公司"）是一家主要从事水电、火电、煤炭、新能
源开发和经营管理的综合能源企业。产权比例为中国华电集团公司
51%，贵州省49%。截至2016年底，公司资产总额为661亿元。投
产发电装机1324.5万千瓦，其中：水电869.5万千瓦、火电450万
千瓦、光伏5万千瓦，约占贵州省统调装机容量的32%，是贵州省
装机容量最大的发电企业。公司始终秉持"开发能源、奉献社会"
的企业使命，致力于政治效益、社会效益、经济效益进行有机整合，
社会责任履行得到社会各界好评。10年来，捐资961.58万元用于40

---

*　郭丽，贵州省社会科学院党建研究所所长，研究员。

多所中小学学生的助学活动，结对救助学生人数已达 1200 多人次，受益学生数万人。荣获贵州省 2015 年、2016 年"履行社会责任五星级企业"称号。

二　公司履行生态社会责任

乌江是长江一级支流，是贵州省的重要生态屏障，乌江清，则贵州水就清。贵州在乌江治理上剑指乌江，在改革上聚焦乌江，乌江集团在加强乌江综合治理上任务艰巨。降低排放、增殖放流，呵护生态家园。绿水青山就是金山银山。公司在发展中高度重视环境保护工作，注重生态文明建设，走节能、高效、低碳、环保的可持续发展之路，并取得了良好的业绩，得到各级政府和社会公众的一致好评。

一是火电排放管理。公司现有 5 家火电企业，每年均组织开展碳排查工作，监督各单位开展碳排放统计系统建设和填报启动工作，审核排放电子报送系统中的各类指标，协调区域各火电单位有关温室气体报送及核查工作。目前公司各单位均按照地方管理要求以企业电子屏幕的方式每天实时公开大气排放情况。2016 年，公司二氧化硫、氮氧化物、烟尘超标排放分别教 2015 年同期下降了 30%、47% 和 97%，完成了大龙公司超低排放改造可研审查，开展了提高固废综合利用研究、宽温催化剂试验解决全负荷脱硫、高硫煤地区超低排放改造等环保攻关工作。桐梓公司实施 2 号机组罗茨真空泵组改造和汽前置泵机械密封及冷却方式改进，真空泵组节约厂用电 78 万千瓦时/年，汽前置泵节约电费 21.6 万元/年；大方公司开展了"W"火焰锅炉动态燃烧优化技术的研究和应用，锅炉系统助燃用油量大幅降低，有力保障了机组安全稳定经济运行。

此外，公司还结合"6·5"环保宣传开展了为期一个月的宣传教育活动。重点对环保法律、法规要求、超低改造技术方案、环保设施运行现状等方面开展全面宣传和宣贯。宣传方式以展板和读物为主，在公司系统内全覆盖进行，提升公司全员环保守法意识，提高环保综合管理能力，年度组织各单位积极参加集团公司举办的环保管理、检修、运行以及低碳排放统计等培训。结合公司超低改造要求，先后组织技术研究、交流培训，进一步增强了对超低技术的认识。

二是乌江珍稀鱼类增殖放流。公司自 2009 年起，每年通过索风营、思林两座自行建造的珍稀鱼类增殖站，向梯级各水库放流珍稀鱼类，有效地维护了水生生物多样性与生态平衡性。2016 年思林、索风营水电站按照放流要求，向乌江梯级水库进行珍稀鱼苗放流。其中，索风营放流鱼类为：岩原鲤 3 万尾、白甲鱼 3 万尾、中华倒刺鲃 1.5 万尾和长薄鳅 1.5 万尾，共 9 万尾。思林水电站放流鱼类为：青鱼 9 万尾、中华倒刺鲃 7.66 万尾、岩原鲤 7 万尾、白甲鱼 8 万尾、华鲮 6.6 万尾、胭脂鱼 2.5 万尾、泉水鱼 8 万尾、长薄鳅 7 万尾，共 58.16 万尾。从 2009 年到 2016 年，已累计投放各类珍惜鱼类 484.36 万尾。

三是通航工程圆梦贵州通江达海。乌江是贵州连接长江的主航道，在未进行梯级开发前，乌江水域自然条件复杂，水文变化频繁，滩多水急，船舶吨位低。乌江梯级的开发，在提升航运通道等级的同时，增加了乌江的通航里程。为确保乌江通航，公司投资在构皮滩、思林、沙沱电站建设升船机工程。三个通航工程的建设，对内陆省份贵州的通江达海，融入长江经济带和经济社会的发展，惠及沿江 30 余县各族群众发挥着重要作用。2016 年三个工程建设，战胜了"7·17"特大洪水和不良地质条件影响，克服了升船机设备制造安装技术难度大等困难。11 月 29 日和 30 日，沙沱和思林水电站通航工程升船机实现 500 吨级标准船舶首次过船。1 月 5 日，在贵州交通厅主持下乌江 500 吨级标船通过思林水电站，"空载入渝、荷载返黔"实船试航取得成功。此举标志乌江全线通航，公司圆满完成了贵州省水运建设三年会战的建设目标，向省委、省政府和贵州人民交上了一份满意的答卷。

三个通航升船机工程的建设，公司累计需投入47亿元人民币。为实现水运三年会战目标，在中国华电集团公司的支持下，乌江公司除加快推进三个水电站的升船工程建设外，还拿出2.33亿元支持贵州组织实施的构皮滩电站通航翻坝工程建设。与此同时，该公司还把升船工程建设计划细化到月，每月进行督察。三年来，在乌江公司的主导下，设计、监理、施工各方克服了工程规模浩大、地质条件复杂、汛期特大洪水影响，攻克了一项项施工技术难题，顺利实现了思林、沙沱水电站升船机工程的建设目标。

如今，船只从乌江渡电站下游出发，经构皮滩翻坝公路—思林水电站—沙沱水电站—彭水水电站（重庆境内）—银盘水电站（武隆境内）到达涪陵汇入长江。

截至2016年，三个升船机工程已累计完成投资40亿元。

三　乌江公司生态社会责任发展趋势

随着贵州省国家级生态文明试验区建设的逐步开展，随着贵州省大生态战略的深入推进，建立在长江一级支流的乌江公司生态责任越发艰巨，它将生态与群众的利益结合考虑，将乌江治理作为自己肩上的首要责任，为贵州省大生态战略贡献力量。同时，由于生态历史欠账较多，乌江公司生态责任履行也将受到一定的挑战。

B.9
贵州中烟工业有限责任公司
社会责任发展报告

李德生 *

摘　要： 2016 年，贵州中烟工业有限责任公司坚持创新驱动成长，在实现公司效益、影响递增的基础上，进一步加大了助力贵州同步小康的工作力度。除继续对结对帮扶县晴隆进行精准帮扶，还扩大了对长顺、绥阳、纳雍、赫章等地的帮扶活动。在工作方式上，积极探索党建帮扶、教育扶贫、圆梦助学等新方式，开展烟草扶贫新村建设，帮助帮扶点完成通村通组道路建设，解决人畜饮水困难，提升烟叶种植水平，提供养羊、养鸡和果蔬种植等项目支持。全年累计捐助资金 8000 万元以上，很好地树立了一个"敢负责任，勇于担当"的企业社会形象。

关键词： 贵州中烟工业有限责任公司　社会责任　发展报告

一　坚持创新驱动成长　效益影响同时递增

贵州中烟是贵州中烟工业有限责任公司的简称，它是中国烟草总

---

* 李德生，贵州省社会科学院党建研究所，副研究员。

公司下属的全资子公司，该公司成立于 2008 年 7 月 1 日，由原来的贵州中烟工业公司改制而来，主要业务是从事烟草产品的生产销售以及烟草生产工具的零配件经营。贵州中烟自成立以来，就树立了大品牌发展战略，经过十来年的不懈努力，其主打品牌"贵烟""黄果树"都在全国市场打响了自己的名气，获得了中国名牌、中国驰名商标、中国中式高档卷烟最具潜力品牌等荣誉称号，贵州中烟也因此进入了中国烟草行业位居前十的大企业，成为贵州国有企业的纳税大户，为贵州打造烟、酒、茶、药、食品"五张名片"做出了不可磨灭的重要贡献。

贵州中烟始终坚持创新驱动发展战略，决心走特色化、个性化和差异化的品牌发展方向，努力提高公司产品的科技含量。从 2015 年开始，中烟技术人员为了更好地提高卷烟吸食口感，为吸食者带来更好的享受和健康，开始进行将中药材加入卷烟的尝试，他们在数百种中药材中进行实验，最终选定将陈皮与卷烟进行跨界融合。这一努力在 2016 年 7 月终于取得了巨大突破，成功推出了新款产品"贵烟（跨越）"，该产品极大地丰富了中式细支卷烟的跨界品类，被誉为"陈皮爆珠第一支"，该产品是我国卷烟生产技术的重大进步，在衡量卷烟技术质量的外观、吸阻、爆珠、口感等方面，都融合了贵州中烟人的多项自主研发技术，标志着贵州中烟在生产技术上有了跨越式提高。"贵烟（跨越）"成功上市以后，很快在全国卷烟市场引发了一场强劲的旋风，成为贵州卷烟抢占全国市场的先锋和排头兵，仅仅三个月时间，"贵烟（跨越）"就实现了 1 亿元的销售收入，在全国主要城市广州、重庆、成都同类产品的销售进入了三甲行列，成功引领了细支烟的消费潮流。得益于"贵烟跨越"产品的上佳表现，"贵烟"品牌很快在全国卷烟市场发展壮大，目前我国已有 336 个地级市场可以购买到该款产品。在此良好发展势头的鼓舞下，贵州中烟提出了更高的发展目标，决心把企业的发展定位从"满足消费者需求"

转变成"引领消费者需求"。

在"十三五"开局之年，贵州中烟全体员工克服重重困难和压力，心往一处想、劲往一块使，团结合作，努力拼搏，他们在贵州省委省政府的关心和帮助下，取得了令国人瞩目的发展成绩，不仅获得了品牌影响的巨大荣誉，而且在企业效益方面也取得了满意的回报。2016年贵州中烟公司的纳税金额高达255.08亿元，在贵州省所有企业中营业收入和增加利税都占据了百强名单的榜首位置，公司已经连续10年在全国企业和制造行业荣列500强。继"贵烟（跨越）"的成功之后，贵州中烟不失时机地推出了系列产品"贵烟·国酒香30""贵烟（萃）"等，都取得了供不应求的良好效果，从而进一步增强了公司的竞争能力。贵州中烟公司的品牌建设成效获得了省委省政府的高度肯定，被授予"贵州省品牌建设突出贡献奖"。

二　加大在结对帮扶县——晴隆的扶贫力度

晴隆县位于贵州省西南部，黔西南州东北面，总面积1309.8平方公里，居住着汉、苗、布依、彝族等14个民族，少数民族人口约占总人口的56%，是典型的少数民族聚居山区县，同时也是一个典型的喀斯特地貌山区农业县。2016年末全县户籍人口为33.94万人。常住总人口24.6万人，比上年下降0.8%。辖14个乡镇96个行政村（社区），其中，贫困乡（镇）4个，贫困村52个（一类贫困村41个、二类贫困村6个、三类贫困村5个），贫困人口7.91万人（可通过帮扶脱贫63179人，民政兜底15921人），贫困发生率为25%。2016年全县地区生产总值为65.65亿元，比上年增长13.2%。全县地区生产总值中，第一产业增加值16.57亿元，比上年增长5.6%；第二产业增加值19.88亿元，比上年增长13.3%；第三产业增加值29.2亿元，比上年增长17.3%。全县人均地区生产总值26687元，比上年增长 20.05%。

2015 年 5 月 13 日，贵州省委、省政府为了加快完成贵州省脱贫攻坚任务，提出了大型国企结对帮扶贫困县的工作意见，要求贵州中烟公司重点帮扶晴隆县，确保该县在 2019 年实现整县脱贫的宏伟目标。作为长期坚持把履行社会责任作为企业自身工作之一的贵州中烟人，自然是义不容辞。贵州中烟领导层十分重视省委省政府的指示和要求，多次就此事召开工作会议进行研究部署，很快就拿出了具体的帮扶计划。在党组书记、总经理白云峰的带领下，贵州中烟人多次深入晴隆进行调研工作，甚至进入贫困村寨访问，在弄清晴隆贫困人口的实际情况后，他们与晴隆县政府工作人员多次磋商，明确了帮扶工作的思路和具体方案，开始有条不紊地稳步推进此项工作。在 2015 年结对帮扶晴隆县的工作基础上，贵州中烟在 2016 年进一步加大了帮扶力度，其主要做法有以下几方面。

增加扶贫资金投入和烟叶定向收购。贵州中烟在 2015 年投入 1200 万元烟草扶贫资金的基础上，2016 年再次追加 600 万元，从而使当年在晴隆县的帮扶资金达到 1800 万元之多。这些资金主要用于晴隆县贫困村产业发展和基础设施建设。与此同时，贵州中烟为了直接给贫困农户带来经济效益，决定新增定向收购晴隆烟叶 5000 担，此举直接给晴隆县增加了 2000 亩烤烟种植面积，总计有 130 多户农户、近 500 名群众受到了实实在在的好处。贵州晴隆县局（分公司）百分之百完成州局公司下达的 5.4 万担烟叶收购计划，创历史新高，烟叶税收 1500 多万元、烟农收入 7400 多万元亦为历年新高，圆满完成了 2016 年烟叶生产工作。

采取多种方式大力开展党建扶贫。一是成立志愿者服务队。志愿者由机关及所属单位选派代表参加，目的是希望通过志愿者实实在在的行动让村民开拓思路、解放思想，学习各项技能，从精神上与新时代接轨，更加自信自觉地投入到脱贫的道路中，让贵州落后山区的留守儿童和老人体会到社会关爱。2016年贵州中烟成立了700多人的志愿者服务队伍深入晴隆县，结对帮扶文丰村光明小学及青龙教学点。每过一段时间，志愿者们就会前去看望孩子，给孩子们带去新衣，与孩子们一起做游戏、唱儿歌，辅导孩子们学习，有两名志愿者参与支教两个月。二是选派驻村干部。脱贫需要引路人，驻村帮扶，是打赢脱贫攻坚战的重要手段。贵州中烟精挑细选，派出党员分别担任光照镇孟寨村、新益村、莲城镇菜籽村"第一书记"，与当地村两委干部同住、同吃、同工作。"第一书记"们结合各村实际，支持当地贫困户发展养鸡、果树种植、菌类种植等项目，引领贫困户通过劳动走出贫困。2013年以来，已经有37名贵州中烟的党员对口帮扶了贵州的37个贫困村。其中贵阳卷烟厂职工娄燕明被贵州省委评为"全省优秀同步小康驻村干部"。三是协调技术力量支持。基于晴隆县的地理、气候环境及人文、市场等条件的约束，烟草产业仍然是拉动当地脱贫致富最有力的一条路子。针对这一情况，贵州中烟整合技术研发、烟叶种植等技术力量三次深入晴隆县，实地调研种植烤烟的自然条件及社会条件，分析烟叶质量，全面分析评估烤烟生产现状，并投入烟草扶贫资金，开展多种形式的技术培训，着力提高烟草种植水平。四是捐款捐物。捐款捐物既可以直接帮助有需要的老人儿童，也可以帮助地方发展项目，开展公共事业，几乎所有的帮扶工作都离不开钱物的支撑。贵州中烟在这方面一直走在前列，近三年来每年捐款总额都在8000万元以上。如贵州中烟2016年10月17日参加"扶贫日"贵州省现场募捐活动；贵阳卷烟厂向晴隆县菜籽村捐赠45万元，向晴隆县团委捐赠1万元，帮助村民实施修建菜籽村村民文化广场、建设菜籽小学部分设施、开展团建工作等。

精准帮扶与重点帮扶相结合。根据贵州中烟2015年制订的帮扶晴隆县"6＋1"计划，沙子镇文丰村作为整镇脱贫的切入点和试点来强力攻坚。2016年，贵州中烟在晴隆县的帮扶工作以精准帮扶沙子镇文丰村作为工作重心。在新年刚过的 2 月 18 日至 19 日，贵州中烟工业有限责任公司扶贫调研组就来到沙子镇文丰村，就该村当年的烟叶种植准备工作，与晴隆县政府、当地烟草公司、烟叶站进行磋商，明确了文丰村增加 1000 担烟叶收购计划，帮助解决了该村新增加 400 亩烤烟所需烤房的资金缺口，并协调当地县烟草公司对新增烤烟种植户进行技术指导。调研组在文丰村青龙村民组进行了实地走访。针对 2016 年文丰村产业扶贫方案，与该村 40 余名意向性饲养晴隆羊和养牛的返乡农民工代表进行座谈。调研组借鉴赫章县六曲河镇建设的经验措施，帮助他们理清思路，就如何扎实推进实现"文丰村美丽乡村"目标提出意见。到 9 月底，贵州中烟实施精准帮扶，直接帮扶的沙子镇文丰村基础设施建设已完成通组道路 10 条，彻底改变了当地道路"晴通雨阻"的困难，极大改善当地群众生产生活条件，降低当地群众的劳作和运输成本。3 个村民组群众安全饮水凿井取水工程已经正式启动，产业发展项目已落实新增烤烟种植 400亩，启动养羊、养牛、种植 3000 亩经果林等工作，文丰村作为晴隆县美丽乡村示范点已经初具规模。

2016 年 8 月，贵州中烟派出调研组深入驻村帮扶点晴隆县光照镇新益村，了解驻村帮扶工作开展情况，实地走访贫困村组及贫困农户。按照此次调研工作计划，公司机关党委第三党支部与新益村结成帮扶对子。双方在新益村组织了一次"两学一做"学习教育活动，听取镇村两委工作情况介绍，全面了解新益村脱贫工作计划，对驻村干部与新益村村委会提出的帮扶项目进行交流，对帮扶工作提出建设性意见，初步议定了公司机关党委第三党支部帮扶当地 2 户至 3 户贫困户开展林下养鸡和果蔬种植等项目。

帮扶工作取得明显成效。2016 年 9 月 1 日，由贵州省扶贫开发办公室、全面小康建设工作领导小组办公室、国有资产监督委员会组成的第三督察组到贵州中烟结对帮扶对象晴隆县，督察调研贵州中烟帮扶工作落实情况。督察组通过到晴隆县沙子镇、莲城街道办实地察看烟草扶贫新村危房整治、村庄基础建设、文丰村 10 条通村联组道路建设、烤烟种植及烘烤、晴隆羊养殖、经果林种植等贵州中烟帮扶的扶贫项目建设情况，详细向帮扶地区镇、村干部了解脱贫工作情况和有关困难，对贵州中烟帮扶晴隆县工作情况给予了充分肯定，认为贵州中烟帮扶晴隆县体现了国有企业高度的政治责任感、使命感，对晴隆县的帮扶是真帮实促，是带着感情地帮；在资金、项目、人员上尽责出力，把助力晴隆脱贫当作企业己任，帮扶目标明确具体，措施到位、效果初显。督察组希望贵州中烟下一步继续围绕"精准扶贫、精准脱贫"的基本方略，充分发挥卷烟工业的产业优势，助力晴隆县实现 2020 年与全国同步全面小康的目标。

三　在全省多个地点开展帮扶工作

贵州中烟履行社会责任，远不止结对帮扶一个县这么简单。据不完全统计，到 2015 年底，贵州中烟参与扶贫帮困人数达 1.6 万人次，受益农民群众约 54 万人，累积扶贫帮困资金总额约 3.5 亿元。仅 2012 年至 2015 年，贵州中烟就投入 1.5 亿元，帮助全省 57 个县 300 个村点实施烟草扶贫新村建设，共惠及全省 8.3 万多户、34 万多人。

2016 年，贵州中烟通过结对帮扶、定点扶贫、驻村扶贫、产业投资等多种形式，对晴隆、长顺、绥阳、纳雍、赫章等地开展帮扶活动。累计捐助资金 7950 万元，开展烟草扶贫新村建设，帮助帮扶点完成通村通组道路建设，解决人畜饮水困难，并结合当地实际情况，开展提升烟叶种植水平，提供养羊、养鸡和果蔬种植等 10 余个项目。

2013 年，贵州省委、省政府提出着力打造重点发展平台的方略，大力推进"5 个 100 工程"，建立起省级示范小城镇对口制度。作为该方略贯彻执行的国有企业之一，2013 年到 2016 年，贵州中烟对口帮扶毕节市赫章县六曲河镇，投入3200万元，帮助该镇教育、文化各项事业的发展和村居、供水工程等基础设施建设。通过3年的努力，六曲河镇获得了六个荣誉称号，城镇人口不断增加，镇区面积不断扩大，城镇经济、产业经济相得益彰，新城区、老城区、园区同步发展，一个小而精、小而美、小而富、小而特的城镇正在崛起。

贵阳卷烟厂真扶贫扶真贫，精心组织扶贫工作队，多方筹集资金，按"项目到村、扶持到户"的原则把帮扶活动落到实处，先后筹集资金110余万元，帮助两个曾经的极贫村——鹏银村和油杉河村解决了水、电、路、通信等基础设施的建设，从而使两村的面貌脱胎换骨，开始逐步走上了脱贫致富的康庄大道。贵州中烟人坚持扶贫必须扶智的理念，积极帮助村民小学修缮校舍，添置教学器材；同时大力资助贫困学生和落后村民，给他们赠送书籍，购买学习用品，帮助村民开阔眼界，提高素质。

在贵州中烟的帮扶下，位于纳雍县姑开乡永德村的箐口小学发生了明显变化，孩子们不用再拼桌子来搭舞台，上厕所不用再排队被雨淋，有了篮球场让课余生活变得更丰富。铜仁市碧江区六龙山乡牛场村在铜仁卷烟厂的大力帮扶下，村里建了桥修了路，新盖了村党建综合楼，村民发展养殖、种植产业渐入佳境，彻底摘掉了贫困村的帽子。

为进一步推进企业精准扶贫工作，贵州中烟工业有限责任公司积极响应由贵州省青少年发展基金会发起的"多彩贵州·青春绿动——绿色希望工程助力绿色贵州建设三年行动计划"项目，并以"回报社会、扶贫济困"为宗旨，在罗庄村认捐数亩果树，打造"贵州中烟绿化林"。2016年3月25日，贵州中烟工业有限责任公司携手贵州40位媒体大咖，在贵阳市乌当区罗庄村开展公益植树活动，企业代表和媒体大咖们共同种下1000株葡萄树，不仅为"绿色贵州"添砖加瓦，同时也帮助当地贫困农户脱贫致富。"贵州中烟绿化林"产生的收益将按一定比例分别作为农户收益、村级集体经济积累、扩大产业、合作社资金积累，有效助力当地"精准脱贫，同步小康"。

四　坚持发挥烟草产业优势确定党建扶贫工作思路

经过多年的工作实践，贵州中烟逐渐清晰了烟草产业在扶贫工作方面的优势，明确了以党建统领全部扶贫工作的思路。

2017 年初，贵州中烟工业有限责任公司党组召开党建扶贫攻坚动员部署会议，总结结对帮扶晴隆县整县脱贫工作，部署 2017年党建扶贫攻坚工作。会议传达了中央、行业、贵州省委关于精准扶贫精准脱贫的新指示新要求，贯彻落实贵州省国有企业脱贫攻坚对口帮扶观摩暨春季攻势现场会精神，发布《贵州中烟工业有限责任公司 2017 年结对帮扶晴隆县党建扶贫攻坚行动计划（草案）》，确定了党建扶贫的总体思路、攻坚目标和工作措施。明确了建强扶贫力量、园区共建、发展产业、党建帮扶、教育扶贫、圆梦助学、贵在共享"七大行动"，抓好精准识别、方案制定、措施落实、效果评估"四个步骤"，努力在精准推进上下功夫、在精准落地上见实效。

贵州中烟将按照"县企合作、互利共赢，优势互补、突出重点，攻坚脱贫、同步小康"的 24 字方针，大力发展主导产业、开展园区共建、改善基础设施、强化公共服务、提升干部素质、推进人才培训、促进就业增收、推动城镇开发，进一步巩固扩大帮扶战果。在工作落实上，紧紧抓住"党委主责、部门主抓、基层主推"三个关键，聚力推进结对帮扶精准扶贫。按照"行动计划"既定的方案措施，集中帮扶思路、措施、资源等要素，细化时间表、路线图和任务书，确保任务到位精准。注重措施创新，行动得力，精

准化辨识贫困人口、脱贫需求，精确化配置扶贫资源，精准化扶持贫困农户。

五　对贵州中烟履行社会责任的简单评价

对国有企业而言，履行社会责任首先是承担经济责任。近年来，贵州中烟直面经济下行压力，不断深化改革，坚持以创新驱动成长，将社会责任理念与企业战略和经营结合起来，经济运行主要发展指标均实现了同步增长，为社会责任履行奠定了良好的基础。

在贵州中烟人看来，扶贫，是一种责任和担当，同时也是一种互利共赢。贵州中烟充分发挥烟草产业优势，在帮助贫困群众发展产业获取经济收益的同时，也保证和提高了烟叶原材料的来源和质量，提升了企业形象，实现了企业、政府、农户多方互利共赢。

B.10
贵州省开磷控股集团
社会责任发展报告

周钥明 *

摘　要： 贵州开磷控股（集团）有限责任公司是国家在第二个
五年计划期间建设的全国三大磷矿石生产基地之一。
2016 年，开磷积极响应党中央国务院、省委省政府号
召，结合企业实际履行社会责任，深入推进大数据、
大扶贫、大生态战略行动。以大数据为依托，开拓电
子商务；自觉践行工业反哺农业，深入开展"良肥、
良种、良法"造血式扶贫；坚持保护环境、节约资源，
狠抓"三废"治理，促进行业可持续发展。

关键词： 贵州省　开磷控股集团　社会责任

一　企业简介

贵州开磷控股（集团）有限责任公司前身为贵州开阳磷矿，成
立于 1958 年 10 月，是国家在第二个五年计划期间建设的全国三大磷
矿石生产基地之一。经过近 60 年的建设与发展，目前开磷已成为集
矿业、磷化工、煤化工、氯碱化工、氟化工、硅化工、贸易物流、建

---

* 周钥明，贵州省社会科学院党建研究所，助理研究员。

设建材、物业服务等多元产业为一体的现代化大型企业集团，是我国最大的磷矿石地下开采企业，季戊四醇生产能力位居行业第一，高浓度磷复肥产能位居国内第二、国际第四。2016年，开磷实现销售收入410亿元，资产总额达到480亿元，实现工业增加值48.2亿元，入库税费10.2亿元，为贵州经济社会发展做出了积极贡献。

长期以来，开磷控股集团积极履行社会责任，具备完备的责任体系和健全的责任履行机制，主动履行社会、国家、股东、客户、职工赋予的各种责任。自2008年以来，企业坚持向社会公众发布年度社会责任报告，主动接受公众及利益相关方的监督，先后获得中国石油和化工行业"十二五"最具责任感企业、贵州省履行社会责任"五星级企业"等荣誉称号。党的十八大以来，以习近平同志为核心的党中央高度重视扶贫攻坚与生态文明建设。省第十二次党代会提出，要深入推进大扶贫、大数据、大生态三大战略行动，奋力开创百姓富、生态美的多彩贵州新未来，成为多彩贵州的主旋律。作为省属大型国有企业，开磷积极响应党中央国务院、省委省政府号召，结合企业实际履行社会责任，深入推进大数据、大扶贫、大生态战略行动。

二　在大数据方面的应用

开磷集团认真贯彻落实省委大数据战略，积极探索生产、控制和财务管理等环节与大数据的融合，同时，以大数据为依托开拓销售业务，电子商务促进了销售工作的转型升级。

1. 以生产控制为对象的工业大数据信息化系统建设工作

目前开磷集团公司的生产单位实现了以PLC、DCS为控制系统的基础自动化，基础自动化的实现为进一步的管控一体化及生产过程信息化打下了基础。目前矿业总公司、合资公司、合成氨公司、化肥公司有各类控制系统近200套，在工业信息化工作上也进行了尝试，部分建成 MES 系统。

2. 以管理为目标的信息化软件应用工作

在管理大数据方面，目前开磷集团公司各单位的财务系统统一管理，使用了相对统一的财务管理软件，同时在办公方面使用统一的 OA 系统。

3. 以电子商务为目标的销售平台建设工作

商务大数据也是开磷大数据建设的核心工作之一，开磷集团公司为了实现精益管理，促进销售工作的转型升级，构建了"开磷互联网综合服务平台"。为了高效实现产品销售，借助"互联网＋"及当前的大数据技术，开磷投资开发了基于云技术的销售平台系统，该平台开发以开磷化肥销售业务为纽带，通过平台建设，实现对现有销售管理的网络化管理的优化，通过 B2B 及 B2C 电子商务模式的建立，将传统的线下营销模式转为线上营销模式，全面实现营销模式的转型升级；同时，平台的建设搭建，为开磷公司通过与第三方互联网金融服务公司的合作，实现供应链融资模式奠定基础，为开磷公司实现资产经营创造条件。

三　履行企业扶贫责任

2016 年，开磷集团结对帮扶关岭县扶贫工作取得阶段性成果，有力推动了关岭县脱贫攻坚进程。作为涉农支农型企业，开磷始终将"支持农业发展、支援农村建设、帮助农民致富"作为企业的责任，一直坚持创新履行社会责任和扶贫济困新模式。

1. 认真"把脉"穷根，精准施策发力

根据前期调查摸底情况，结合企业在息烽县等地"三良"扶贫工作经验，开磷集团确定 2015～2019 年，各种帮扶折算资金每年不低于 1000 万元的帮扶工作目标，积极推进帮扶工作，形成以项目基

金扶贫、"三良"扶贫、教育扶贫、电商扶贫为基本模式。

2. 领导高度重视，定期"会诊"解忧

为深入实施精准扶贫、精准脱贫，真正扶到点上、扶到根上，开磷集团专门成立结对帮扶工作领导小组。领导小组多次深入关岭县一类贫困村，详细了解村民家庭构成、文化程度、种植结构等情况，掌握大家最关心、最困难并亟待解决的问题。党委书记、董事长何刚，党委委员、总经理廖慧多次率队到关岭县，深入到田间地头和贫困户家中，重点调研项目基金扶贫与"三良"扶贫等相关落实情况。

3. 派驻村干部，筑牢组织保障

为进一步落实扶贫工作，开磷集团印发结对帮扶关岭县有关工作要求，进一步加强驻村干部日常管理、工作保障和具体要求，确保信息沟通反馈渠道畅通，建立完善协调管理机制。按照省委省政府部署和省国资委党委安排，先后派遣一名高管人员到关岭县挂职县委常委、副县长，选派5名骨干力量作为驻村干部或第一书记前往扶贫一线开展工作。

4. 实施基金扶贫，壮大村级经济

开磷集团与关岭县政府联合实施"基金＋项目＋融资"的产业扶贫措施，企业每年出资500万元，关岭县政府配套部分资金，建立"特惠贷"风险补偿基金，通过扶贫产业项目，用基金进行担保或贴息进行融资。开磷基金主要用于农业农村创收增收的项目贷款贴息，重点扶持蔬菜、精品水果、中药材、关岭牛、六花猪、八德青灰鹅、坡贡小黄姜等主导产业项目，重点扶持经济合作组织内、利益联结机制内的建档立卡贫困农户。村集体、合作社、贫困户融合的经济合作体，不仅为合作社发展解决资金难题，还能通过入股分红和提供就业分发工资形式反哺贫困户，让贫困户享受发展红利。

5. 实施"三良"扶贫，促进增产增收

开磷在关岭县实施"三良"扶贫，即向农民送"良肥"、帮农民选"良种"、为农民传"良法"。在驻村入户调查摸底、掌握第一手资料的基础上，根据关岭区域自然条件和农业产业优势情况，每年向关岭县免费提供价值不低于400万元的优质肥料，并与县政府农技部门共同推广科学种植，改变当地农村落后的种植模式。据统计，开磷集团在关岭县实施"三良"扶贫涉及4万多亩经济作物，使用开磷化肥后，每亩能增收200元以上，全县扶贫农户经济收入可增加800万元。

6. **实施工程扶贫，解决缺水难题**

为彻底解决后寨村17个自然寨1428人的饮水问题，提高村民的健康水平和生活质量，开磷集团向关岭县捐赠100万元资金，用于断桥镇后寨村人畜饮水工程建设。通过实地走访、调查研究，开磷成功找到后寨村打洋组水源地，并检测为优质矿泉水，工程建成后每天为村民供水120立方米。

四 履行生态环保责任

身处国家生态文明试验区，开磷集团在发展循环经济、建设新型工业化园区的基础上，坚持问题导向，狠抓"三废"治理。

1. **发展循环经济，实现"变废为宝"**

为促进企业可持续发展，一直以来，开磷始终坚持全面节约和高效利用磷矿资源，依托资源开采与深加工一体化优势，发展循环经济，不断提高废渣、废水、废气的综合利用水平，实现矿山废矸、磷石膏、黄磷尾气、黄磷炉渣、化工废水等废物的资源化利用，开发磷矿伴生资源氟、硅、碘资源综合利用技术，建设了工业化应用生产线，最终形成"原料—产品—资源—产品"的内部闭合循环系统，实现"变废为宝"。

2. **"一把手"抓环保，严格考核督察**

环保工作是企业当前最为重要的工作。开磷高度重视环保工作，多次召开领导班子专题会研究部署环保工作，成立以董事长为组长的"三废"治理及环境整治领导小组，统一协调领导治理工作。集团领导多次深入现场调研，研究环保工作存在的问题并制定措施办法，明确治理目标、进度、责任和要求，确保环保工作持续有序推进。

同时，开磷制定并发布实施《控股集团环境保护管理制度》、《控股集团环保工作检查考核办法》及《控股集团三废污染防治管理暂行规定》及考核细则，对五个主要生产单位党政主要负责人按月度进行考核，考核结果与责任人月度工资收入挂钩。通过强化目标责任考核，环保管理工作持续有序开展，"三废"治理取得新进步。

3. 安全环保投入，列为第一投入

开磷集团历年重视环保工作，坚持经营再困难不能困难安全环保，资金再紧张不能紧张安全环保。为实现区域环境质量明显好转的目标，2012～2016年，开磷在环保治理上总计已投入11.08亿元。贵州省被列为首批全国三大生态文明建设实验区之一，作为省管大型国有企业，开磷集团理所当然要积极融入生态文明实验区建设，以"零容忍"态度，坚持不懈地抓好"废水、废气、废渣"的治理工作，实现开磷绿色发展和可持续发展。党委书记、董事长何刚多次强调，安全环保投入要作为企业发展的第一投入，2017年及今后一段时间，开磷将投入8.3亿元继续解决环保工作中存在的问题。

4. 生态园区综合施策，大力改善空气质量

按照《关于落实贵遵高速公路沿线小寨坝片区大气环境问题治理工作的通知》要求，为实现小寨坝息烽化工园区大气环境明显好转，开磷集团在对现有生产装置认真排查的基础上，组织专家充分论证，制定了综合整治方案。一是针对小寨坝区现有装置环保设施老化陈旧，部分洗涤喷淋系统缺件、堵塞等原因，导致环保设施没有能够全面发挥其效果。本着正常高效运转、提高技术水平、严格管理考核的原则，通过对现有环保装置设施认真排查梳理，制定环保设施恢复的工作方案及进度计划，并严格督促组织实施。二是加强空气质量在线监测和应急联动。根据小寨坝工业园区及生产工艺所产生的特征污染物，结合地形、地貌特点，实施《小寨坝工业园区环境空气自动监测站建设方案》，建设了3个空气自动监测站，对空气中一氧化碳、二氧化硫、PM_{10}、$PM_{2.5}$、硫化氢、氨、氟化物及气象五因子实施在线监测；建立小寨坝区环境空气质量预测预警系统和应急联动机制，完善在极端气候条件下的生产应急预案，指导装置在特殊条件和时段的压产、限排等应急措施，确保片区空气环境不恶化。三是开展园区和项目跟踪评价。对息烽化工园区规划环评进行现状评估，对该区域气象条件、地形特点、区域环境容量及企业排放强度进行综合评价；对园区内重点排污项目进行后评价，对所有排放源及排污口进行监测，对环评执行情况及工艺合理性进行综合评价，并根据评价结果实施相应的治理措施。四是以新代老调整产品结构，实现总量减排。为推动供给侧结构改革，加快转型升级，着重研究磷化工发展新渠道，慎重研究后决策，建设10万吨/年全水溶性磷酸二氢铵装置配套15万吨/年含中（微）量元素NPK全水溶性高效复合肥装置，主要目的是完全替代贵遵高速旁的装置工艺落后的2×12万吨磷酸二铵及中高浓度复合肥装置，通过设计改进完善尾气洗涤设施，每年可以减少污染物二氧化硫的排放400.23吨、粉尘115.6吨，进一步改善区域环境空气质量。

5.狠抓"一泉两河"治理，呵护乌江流域水资源

乌江是长江上游右岸最长支流，是贵州北入长江的水上大动脉。为保护乌江的水质安全，开磷集团狠抓乌江34号泉、息烽河、洋水河"一泉两河"治理工作。自2009年以来，开磷先后投资5亿元建设3套污水治理工程，解决乌江34号泉水污染问题。一是通过加强乌江34号泉深度治理设施的运行管理，加强设备故障的维检修保障、增加中和池沉渣回抽泵、制定运行管理考核办法等措施，目前系统在涌出量5000立方米/小时以内能稳定运行，处理后外排水总磷含量控制在15

毫克/升以内。同时针对雨季超过5000立方米/小时，制定相应的超量应急预案，完成下游沙井断面在线监控安装。二是贵阳化肥公司在实施乌江34号泉治理工程的同时，着眼于源头治理，组织开展了交椅山渣场源头地下水径流的勘探工作。首先，在渣场地下水下游查找流经渣场地下水的径流以达到抽出地表就近处理的目的；其次，对渣场磷石膏堆体的浸润线进行勘探，为组织磷石膏堆体雨水进入地下水的措施制定提供依据；再次是对流经渣场地下水上游的径流进行查找，为源头截流域少污水量提供技术依据。分别采取区域地质调查、物探、针对性地打孔钻探等措施。最后通过对钻孔地下水的水质分析以及抽水试验最终确定流经渣场地下水水量和径流位置。三是针对息烽河水质不能稳定达到地表水Ⅲ类水体的情况，开展区域水环境防治工作。对贾家堰渣场进行综合整治，彻底停用该渣场，实施覆膜植草绿化整治，从源头解决该渣场渗漏对息烽河的污染。四是大力推进洋水河污染综合整治。实施矿肥公司洋水河治理应急工程，将洋水河上游来水通过管道引流至下游排放，查找矿肥公司污水渗漏点并进行收集处理，解决该河段总磷突增问题；实施矿井水治理工程，在确保矿业总公司920水处理系统稳定运行、达标排放的基础上，建设沙坝土矿段和东800矿井废水治理设施；与地方政府配合解决洋水河周边生活污水处理厂的建设和投用工作，使洋水河进入乌江大塘口断面的水质指标得到改善。

6. 坚持防用结合，综合治理磷废渣

作为磷肥行业的副产物，磷石膏被列为水土污染的"危险分子"。为进一步探索拓展磷石膏资源化、规模化综合利用新途径，2016年，开磷磷石膏公司建成投运磷石膏基生态复合板材中试生产线。按照"减少存量、不添增量"要求，除了用于矿山井下填充，目前，开磷形成生态复合板材、填充材料、公路基层材料、建筑材料四大类20多个产品，真正实现"资源—产品—再生资源—产品"的循环利用。为加大磷石膏无害化处理力度，减少磷石膏渣场堆存带来的环境风险，2016 年 12 月，开磷集团投入 1000 万元与上海交大合作对贾家堰渣场 15 万平方米区域进行覆膜治理。一是进一步完善标准化渣场建设。贵阳化肥公司全面停用贾家堰渣场，拆除废渣输送装置，对渣场进行覆膜防渗，建设贾家堰渣场周边截水系统；实施交椅山渣场已超过覆膜标高区域的渣场防渗工程，避免新增渗漏风险，强化现有渗滤收集处理系统的运行。二是积极解决龙井湾渣场安全环保隐患，通过对渣场渗水地段铺设防渗管引流，对底部地此案采空区进行磷石膏填充、采取降台阶方式降低堆存高度、实施皮带延伸走向施工和调整磷石膏排放方向等措施，降低和减弱龙井湾渣场的安全和环保风险。三是定期开展交椅山和龙井湾两个磷石膏渣场周边地下水监测，发现异常现象及时分析解决，逐步实现标准化渣场建设。四是提高磷石膏综合利用水平。主要途径为矿山填充、磷石膏砌块、建筑石膏粉、生态复合板、改性磷石膏公路基层材料。通过努力，2016 年，磷石膏综合利用量达到 328.8 万吨。

据统计，2016 年，开磷集团固体废弃物排放量 584.19 万吨，废气排放总量 349.78 万立方米，磷煤化工生产废水"零排放"，矿山废水排放总量 652.32 万吨，下属各子公司污染物排放总量全部控制在与地方政府签订的减排目标责任书以内。

目前，开磷集团仍然面临巨大挑战，磷肥价格继续低位运行，企业基础管理能力亟待提升，资金紧张的状况没有得到根本好转，企业生产经营前行道路上存在较多"拦路虎"。尽管目前企业面临严峻的生产经营形势，但开磷集团将以高度担当精神推进大数据、大生态、大扶贫战略，为决胜脱贫攻坚、同步全面小康，奋力开创百姓富、生态美的多彩贵州新未来做出更大贡献。将继续坚持"真扶贫"、"扶真贫"，因地制宜，精准施策，为实现 2020 年关岭县全县脱贫不懈努力。坚持不懈抓好整改，重点发展循环经济，逐步实现 2020 年工业固废零增长目标。

B.11
贵州瓮福集团社会责任发展报告

赵燕燕*

摘　要：　瓮福集团通过践行"三端治理"思路，实施安全生产、
节能降耗、矿山复垦等举措，从矿石开采、产品制造
到营销，从突破技术瓶颈到广泛运用先进技术，不断
发展绿色磷化工，三相治理成效显著，初步形成了循
环经济和生态产业化交相辉映的格局体系。2016年，
瓮福集团积极探索中国磷化工行业绿色提质增效、转
型升级，逐步形成节约资源和保护环境的空间格局，
全产业链高度协同，真正实现低碳绿色发展，服务现
代农业，全力挖掘企业大数据工业价值，紧跟国家
"一带一路"倡议，实现产业生态化。

关键词：　瓮福集团　社会责任　发展报告

一　企业简介

瓮福集团是集磷矿采选、磷复肥、水溶肥、磷硫煤化工、氟碘化
工生产、农产品种植及仓储贸易、科研、化工品国际国内贸易、行业
技术与营运服务、国际工程总承包于一体的国有大型企业，建有贵州
福泉、甘肃金昌、四川达州、福建上杭四大生产研发基地，在境外设

---

* 赵燕燕，贵州省社会科学院党建研究所实习研究员。

有多个营销分支机构。瓮福主营矿产资源、化肥、农业服务、化工、技术服务及农资贸易六大业务，具备年产755万吨磷矿石、185万吨磷酸、400万吨磷复肥、152万吨化工产品的生产能力。

瓮福集团现有以瓮福（集团）有限责任公司为核心企业组建的84家全资、控股子公司及26家参股公司，拥有员工6355人。瓮福（集团）有限责任公司的前身是贵州宏福实业开发有限总公司，宏福实业开发有限总公司是依托国家"八五""九五"期间建设的五大磷肥基地之一——贵州省瓮福矿肥基地发展而成。瓮福是业界首家探索实践出工程与技术服务、现代农业综合服务的企业；是业界首家大型成套湿法净化磷酸工艺技术拥有者及行业最大产品供应商；是全球唯一一家掌握从磷化工生产过程中回收氟、碘战略性资源技术并进行深加工的企业；是国内首家按照欧美发达国家标准对磷石膏进行安全堆存的企业。2016年，瓮福荣获"十二五"全国石化行业节能先进单位、"十二五"全国石油和化工环保先进单位。

二　主要做法

（一）遵循"三端"治理思路，发展绿色磷化工

2016年，瓮福集团遵循"三端"治理思路，通过技术节能与设备减耗、加大环保项目建设运行投资及"招商引商"等举措，在环境保护与"三废"处理上取得新突破，凝聚公司绿色发展共识。源端节能减耗减排。在国家"2016～2020年工业绿色发展规划"方针指导下，瓮福继续秉承低碳与生态相结合的发展模式，通过完善装备与能源计量管理体系，强化装备安、稳、长、满、优运行促节能，并针对节能管理薄弱环节挖掘节能潜力，技术节能与淘汰落后用能设备共同推进展开综合治理，走低碳可持续发展之路，节能管理工作成效

显著。中端强化固相、液相、气相三相治理。瓮福在环境保护上的总支出、总投资约为1亿元，旨在加强重点环保项目的建设、运行。对磷石膏渣场进行环境综合改造，改善堆场周边的生态环境并降低鱼梁江环境安全风险。就近修建污水处理装置，对发财洞污水进行全部回收处理。建设一套四炉合一塔烟气脱硫直排塔控制二氧化硫排放浓度。对新增脱硫直排塔增加超声波除雾，进行低排放升级改造。末端资源综合利用。瓮福通过"以商招商"，引入福建正霸等合作伙伴共同实施200万吨/年磷石膏综合利用等项目；瓮福化工公司与泰福公司合作做出消耗瓮福磷石膏25万吨以上、力争达到30万吨的目标；瓮福紫金公司与福建龙岩万兴达贸易有限公司签订30万吨/年磷石膏综合利用（水泥缓凝剂）项目合作意向书等。

（二）发展循环经济，布局生态产业

瓮福始终坚持科学发展，大力发展循环经济，挖掘资源综合利用空间，对碘、氟、磷石膏渣、生产尾气等有效资源"吃干榨尽"、"变废为宝"，实现生态产业化。2016年，瓮福自主研发创新的污水处理新工艺技术工业化试验获得成功，在进行污水处理的同时，做到污水资源化，破解了行业污水渣资源化难题。借《瓮福磷石膏库安全技术规程》上升为中华人民共和国安全生产行业标准并正式实施之际，瓮福与上海胜义环境科技有限公司合资组建了业内首家环保产业综合治理公司，加上已成熟运作的瓮福科技工程、上海克硫、瓮福蓝天等公司，瓮福已基本形成生态产业化体系。

（三）耦合横向产业链，提高环保效益

2016年，瓮福集团着力横向产业链耦合，一方面，夯实磷矿资源优势，提升磷矿采、选、用综合利用率，解决不同品质矿石配比及资源总量不足的矛盾，实现1200万吨/年的资源保障能力，构建绿色矿山、生态矿山。另一方面，是耦合资源要素，形成磷煤氟碘硅钙镁的产业共生形态，依托贵州煤化工产业基础，合作开发新型甲醇制油/芳烃项目及柴油——甲醇组合燃烧技术（DMCC）。

（四）推进磷肥供给侧改革，服务绿色农业

2016 年，瓮福正式成为中国肥料减施联盟的理事单位，成为国内减肥增效领域的旗手和标杆。为响应国家"一控两减三基本"、农业面源污染治理的号召，瓮福集团坚定地推进了农资产品的供给侧改革：以需求整合品类，推出 DAP ＋；高磷复合肥、掺混肥、水溶肥、液体肥、有机无机菌肥等十一个品类；以品类整合品牌，推出宏福、瓮福、流行美、磷福锌、溶力奇、玛拉松、全稼福、HTK 等十五大品牌；以品牌整合品种，打造二铵、复合肥、新型肥料三大拳头单品的同时，推出 45 个主打单品，构建瓮福施肥套餐。依托多年的国际化运作经验和强大的自主研发能力，围绕"精准化"这一关键词，瓮福在新型肥料领域推出了几款让市场眼前一亮的拳头产品和明星产品。添加中微量元素 DAP、黄腐酸锌 DAP、增强型复合肥等新产品已经上市；磷酸盐水溶肥通过了质监部门的认证，达到了食品添加剂的级别；聚磷酸铵液体肥、水溶肥也已经投放市场。瓮福通过智力输出和智能制造推动全球磷资源的可持续开发、配置和利用，服务于人类的绿色健康发展和品质生活塑造。

（五）推行 HSE 管理，保障安全生产

瓮福集团深入贯彻落实党中央、国务院及贵州省委省政府关于加强安全生产工作的重要指示精神，严格遵守相关安全生产法律法规，全面推行 HSE 管理，扎实开展安全生产各项工作。公司推行 HSE 管理，编制了主要负责人和安全管理人员《安全责任清单》，按照《HSE 考核实施细则》进行考核，强化 HSE 管理理念宣贯；强化协作单位安全管理，修改外协单位管理规定；加大隐患排查治理和安全投入，消除事故隐患；认真开展"新建、改建、扩建"项目"三同时"工作；下发《关于做好汛前地质灾害防治工作的通知》，切实抓好防洪度汛工作；与贵州省消防总队联合开展了应急救援训练，增强员工应急处理突发状况能力和救援能力；组织开展安全生产月系列活动，狠抓员工安全教育。

（六）开展植树活动，增强环保意识

2016年，瓮福矿产资源事业部组织173名干部员工在瓮福磷矿穿岩洞矿翁章沟排土场1160、1190台阶，开展"共建绿色矿山，同享生态福祉"主题植树活动，积极推动矿山复垦复绿；瓮福达州公司团委组织公司员工开展"携手植树美化厂区，同心共建绿色家园"植树活动，为达州基地增添一片景色，美化家园；瓮福紫金公司在磷石膏渣场开展义务植树活动，在厂区旁竹背水库上游库湾，开展"鱼苗放养，保护水资源"环保公益活动等，增强职工环境保护意识。

（七）搭建农业全产业链服务体系，布局现代农业

瓮福集团服务现代农业的关键词是"精准化"：个性化定制、全过程指导、保姆式服务。在持续推出环境友好型肥料的同时，瓮福同步推进农业技术指导服务、农资经销、农业金融，以及粮食仓储、加工、贸易等，布局现代农业，为农户提供一条龙式的全产业链服务，做农民的贴心人。相关试验示范工作已经在全国展开，通过组织农民观摩会、技术培训会等形式，用实际效果说话，让科学种植、精准施肥的理念更加深入人心。在内蒙古、新疆等地，还专门聘请翻译，服务语言不通的少数民族农民。目前已启动试验示范点25个，涉及作物18种。同时，瓮福还以"福农宝"平台为纽带，串联起农资电商、粮食银行、农化服务和信贷保险等，为客户提供全程解决方案。

三 主要成效

（一）多措并举，节能降耗成果显著

2016 年，瓮福集团遵循"三端治理"思路，在固、液、气三相治理中取得显著成就，其中废水排放量为 0，废气与固废排放量均明显减少，各主要产品能耗均达到考核标准。瓮福集团在低品质余热利用、空压机节能以及电机能效提升方面深挖节能潜力，在外购能源消费总量上始终维持在一个稳定水平，而工业产值能耗为 0.15 吨标准煤/万元（当量值）。

（二）潜心钻研，破解行业污水渣资源化难题

2016 年，瓮福科技投入 2.1 个亿，占营业收入的 4.12%，开展技术创新课题 30 余项，科技成果转化有湿法净化磷酸在铝合金氧化抛光行业中的应用研究；湿法路线 N – P 膨胀型阻燃剂、透明成核剂高效清洁制备关键技术成果产业化与市场推广工作；SGC – 01 浮选药剂在 200 万 t/aA 层矿正——反浮选装置上的工业化试验；过磷酸和聚磷酸铵的制备项目；利用磷酸淤渣制取高镁普钙及相关钙盐的研究等 5 项。其中通过自主研发，独创了利用磷石膏渣场酸性废水进行选矿的专利技术，并投入 1 亿多元，完成了磷石膏渣场至 48 千米以外的磷精矿选矿装置之间酸性废水循环利用工程，破解行业污水渣资源化难题，填补行业技术空白。

（三）内外联动，形成循环经济和生态产业化格局体系

20 余年来，瓮福先后投入了 20 多个亿发展壮大环保产业，以具有中国磷化工行业企业一般不具有的生态环境吸引了一批实力雄厚企

业落户瓮福工业园区。2016年，瓮福集团通过与伙伴公司签订合作协议，促进废弃物循环利用，把污水渣、"三酸"净化渣、磷石膏等"三废"变废为宝，树立了贵州企业循环经济发展榜样。同时，瓮福通过合资组建的业内首家环保产业综合治理公司，与已发展成熟的瓮福科技工程、上海克硫、瓮福蓝天等涉及废物回收的公司共同布局生态产业。瓮福在发展绿色磷化工的基础上形成了循环经济发展与生态产业的格局体系。

（四）因地制宜，发力贵州山地特色高效农业

作为从贵州走向全球的大型国有企业，瓮福集团专门制定针对贵州特色经济作物的解决方案，前期与省农委合作推进的茶叶施肥套餐取得了良好成效。2016年，经过大量走访和多轮探讨，针对各类果蔬、中药材的施肥标准逐步成熟，目的就是让农民以最少的农资投入，实现最优的农产品品质。通过施肥套餐、工厂直销和示范带动，着力为广大种植户提供一站式作物解决方案。依托强大的研发能力，围绕贵州土壤和作物特点，针对马铃薯、猕猴桃、甜橙、太子参、天麻、杜仲等作物的专用施肥套餐已经全面上市。贵州农业产业较为分散，且多为山地种植，化肥市场价格和用肥习惯千差万别。立足贵州实际，瓮福因地制宜，采取乡镇直销、设点设店直销、县级代理、经纪人代理、项目化运作、大户直供、政府招投标7种模式在不同区域进行操作。配合体制机制改革和绩效模式创新，力争为贵州现代山地高效农业发展做出实实在在的贡献。

（五）与时俱进，成为贵州贯彻落实国家大数据战略的典型实践

瓮福紧跟工业4.0的时代步伐，积极探索大数据在生产经营中的建构及应用，以MES为核心的生产经营信息系统平台荣获国家智能

制造试点示范项目，成为贵州贯彻落实国家大数据战略的一个典型实践，为贵州省推动社会经济转型跨越发展提供了有力支撑。从生产装置 DCS 集散控制系统和 PLC 逻辑控制系统建成投运，到环保在线监控系统和 OA 办公系统运行，再到 NC 企业管理系统、重大危险源监控系统，瓮福的"两化"深度融合实践取得了较大成就。

四 未来计划

（一）谋求企业转型升级，拓展新能源

2016 年，全球磷化工行业整体陷入"寒冬"，经反复研究论证，瓮福集团修订并编制了《"十三五"战略发展规划》和《转型升级三年行动计划》，以新发展理念引领破冰转型、以供给侧结构性改革增强发展动能，明确了集团未来两个战略转型方向：一是由当前的传统制造业为主，向中高端制造、服务型制造转型；由当前的单纯产业驱动，向"产业 + 资本"双轮驱动转型。二是由当前的以磷肥为主，向磷精细化工、氟硅材料、新能源化工转型，磷肥配套支撑转型。

（二）调整产品和产业结构，积极发展循环经济

"十三五"期间，瓮福将通过两个阶段，实施"三个三分之一"的结构调整。具体来说，就是保留磷酸总量的三分之一继续生产传统磷复肥产品，三分之一用于开发新内涵高端磷复肥产品，三分之一用于磷精细化工品制造（如精细磷酸盐、饲料级钙盐等）。到 2020 年，瓮福在传统磷肥领域的磷酸消费占比将降低至 25%，高端特种肥占比将提高至 30%，磷精细化工品占比将提高至 45%。凭借瓮福的磷、氟、氨、硫酸、CO_2 等园区资源优势及循环经济优势，将瓮福打造成为行业规模最大、极具竞争力的锂电池正极材料及前驱体供应商。

（三）推动 DMCC 实现规模化，改变贵州能源结构

2016 年，瓮福依托贵州煤化工产业基础，合作开发新型甲醇制油/芳烃项目及柴油－甲醇组合燃烧技术（DMCC），如果实现规模化，将改变贵州能源结构，具有较好的经济效益及环保效益。对此，瓮福将从两个方面发力。一方面，是夯实磷矿资源优势基础，提升磷矿采、选、用综合利用率，解决不同品质矿石配比及资源总量不足的矛盾，实现 1200 万吨/年的资源保障能力，构建绿色矿山、生态矿山。另一方面，是耦合资源要素，形成磷煤氟碘硅钙镁的产业共生形态。

（四）集中发力，将环保技术打造成新的利润增长点

在持续做好安全环保、节能减排、地质灾害治理、生态修复等产业生态化工作的基础上，着力在磷石膏处置上下功夫，坚持安全环保堆存和综合利用"两条腿走路"。通过组建环保治理专业公司等方式，大力拓展环保产业化领域，力争将环保技术打造成新的利润增长点，实现生态产业化助推转型发展。

（五）全力挖掘企业大数据工业价值

"两化"深度融合高效地串联起瓮福工业园区各条产业链"信息孤岛"，带动全线管理现代化、生产自动化，并延伸到产品市场、技术服务等业务范围。瓮福今后将全力挖掘行业企业大数据工业价值，不断推进企业网络化、智能化、集成化、协同化，使瓮福集团在新一轮大数据与智能制造融合发展中实现更大突破、发挥更大作用，撬动转型发展大格局，推进贵州工业强省战略。

（六）紧跟"一带一路"倡议

依托瓮福的自有核心技术，专注于磷及磷化工领域，在"一带

一路"沿线及其他国家和地区，特别是磷资源储量丰富的国家和地区，寻求磷矿采选、磷复肥及磷化工项目的合作，尤其是PPA、无水氟化氢和碘回收技术等项目合作。同时，瓮福还将积极开拓市政、环保、贸易等其他技术服务业务，致力于参与并推动国家"一带一路"倡议落地实施，促进全球资源优化配置，实现更好的发展。

专 题 篇

Special Report

B.12
贵州军工国有企业社会责任
问卷调查统计与分析

郭 丽*

摘 要: "十三五"开局之年,贵州国有企业彰显着国有企业经济转型升级活力的同时,肩负着贵州省脱贫攻坚的重要职责和使命,航天制造业在贵州国有企业中起着重要的作用,对航天制造国有企业进行抽样调查,有助于我们全面掌握不同行业国有企业,对社会责任履行的态度和理解,对问卷调查进行统计和分析,将有助于社会责任的推动和指导。

* 郭丽,贵州省社会科学院党建研究所所长,研究员。

关键词： 航天国有企业　社会责任　统计分析

调查背景

　　贵州省国有企业特别是国资委监管企业，在省委、省政府《关于动员国有企业结对帮扶贫困县推进整县脱贫的指导意见》的指引下，十二个国有企业帮扶十二个贫困县，在贵州省脱贫攻坚主战场上，正演绎着一场脱贫攻坚的决胜战。其余国有企业对社会责任的认识和理解，本书编写组特别关注，特抽取贵州省航天制造类型的国有企业进行抽样调查，并进行统计分析，以此期望为政府部门决策提供决策咨询与参考。

一　研究对象与调查内容

（一）研究对象

　　本报告资料在贵州省经济信息委员会的大力支持和关心下，选择贵州省军工企业处所辖的航天、航空国有企业为调查对象，本次调查共发出问卷 198 份，收回 198 份，有效率为 100％。

（二）调查内容

　　贵州省国有企业社会责任的重点内容一定是与省委、省政府的中心任务相结合。结合贵州脱贫攻坚中心任务，针对扶贫帮困内容，本课题组设计问卷内容有 15 个方面的调查，主要从"贵企业如何看待社会责任履行的""贵企业如何践行守住发展与生态两条底线""贵企业是如何看待脱贫攻坚政策的""您认为引导企业开展扶贫帮扶工

作的意义大不大""贵企业是从哪年开始参加扶贫帮困的""贵企业
是否开展扶贫帮困工作""贵企业用于扶贫帮困的资金总额""贵企
业开展扶贫帮困的主要方式""贵企业扶贫工作主要由哪个部门负责
的""贵企业扶贫工作的人员是属于哪种情况""贵企业开展扶贫工
作的实际人数是多少""贵企业开展扶贫帮困的主要原因""您认为
贵企业开展帮扶工作的有利条件是什么""贵企业开展帮扶工作面临
的问题和困难是什么""从总体上看,贵企业通过开展扶贫帮扶取得
的主要成绩是什么""您对贵企业开展帮扶工作的整体情况的评价"
"您认为贵企业帮扶工作的关键环节是什么""您认为提升帮扶工作
的对策建议是什么"等 26 个方面进行系统问卷调查。

(三)被访者的总体情况

本次问卷被访者是由贵州省经济信息委员会军工处在航空、航天
国有企业中进行抽样调查。未填写行业有 71 份,航空制造业 1 家,
航天制造业 20 份,填写制造业 106 份,共计 198 份。尽管部分问卷
没有提及行业,全部属于军工国有企业,全部都是制造业。

二 问卷调查统计结果及评价分析

(一)国有企业对社会责任的认知状况不高

被调查者问及"您对社会责任的了解程度如何"? 回答"很了
解"21 人,占总人数的 10.7%;回答"比较了解"71 人,占总人数
的 36.2%;认为"一般"93 人,占总人数的 47.4%;"不太了解、
很不了解及不清楚"11 人,占总人数的 5.6%。被调查者问及"您
觉得企业社会责任应该包括哪些方面"(见表 1)。

表1 您觉得企业社会责任应该包括哪些方面？（可多选）（多选综合统计）

企业社会责任　　基本状况	选择人次（人/次）	选择人次占总选择人次比例（%）	选择人次占有效样本比例（%）
坚持诚实守信,确保企业产品货真价实的责任	180	16.4	92.3
坚持科学发展,担负起增加税收和国家发展的使命	153	14.0	78.5
坚持可持续发展,高度关注节约资源,改变经济增长方式,发展循环经济	144	13.1	73.8
坚持保护环境,担当起维护自然和谐的重任	145	13.2	74.4
支持公共服务建设,担当起发展医疗卫生、科技教育和文化建设的责任	105	9.6	53.8
发展慈善事业,重视和承担起扶贫济困的责任	111	10.1	56.9
维护职工权益,确保职工待遇和承担起保护职工生命、健康的责任	139	12.7	71.3
推动科技创新,重视科技研发和引进技术的消化吸收,加大资金与人才的投入	119	10.9	61.0
总　　计	1096	100.0	562.1

由此可见，国有企业员工对社会责任的理解是不完整的，是存在一定的认识误区和偏差。被访者普遍认为，"企业坚持诚实守信，确保企业货真价实的责任和坚持企业科学发展，增加税收和国家发展的使命、坚持可持续发展，高度关注节约资源，改变经济增长方式，发展循环经济"是企业重要的职责和使命，也是企业首要的社会责任。问卷回答率最高达92.3%；其余"维护环境、维护职工权益、社会慈善事业等方面的社会责任"问卷回答率最低为53.8%，两者比值

相差接近 40%。由此得知，国有企业对社会责任的理解范畴仍存在一定误区，对社会责任的推行存在不同程度的影响。

（二）国有企业社会责任保障措施不足

受访者被问及"贵企业社会责任是由哪个部门负责的"，178 人选择政工部门或党委办公室、团委、工会，占总人数的 91.3%；由行政部门和办公室负责 12 人，占总人数的 6.2%；独立的社会责任部门 4 人，占总人数的 2.1%。由兼职和临时抽调人员完成社会责任相关工作的 144 人，占总人数的 73.8%。有专职人员负责社会责任的 50 人，占总人数的 25.6%。由此得知，尽管中国共产党十八届三中全会以来强调国有企业社会责任，但由于缺乏企业社会责任具体要求，目前国有企业履行社会责任处于自愿状态，社会责任没有受到足够重视。根据几年的跟踪调查得知，中央在黔企业履行社会责任较为规范，有专人专门机构负责，国资委监管企业以及地方国有企业对社会责任的重视程度仍不够，导致国有企业履行社会责任的过程中缺乏整体规划，随意性较大，缺方向和目标。

受访者被问及"贵企业履行社会责任相关经费是怎么解决的"时，回答"每年都有专项经费的 71 人，占总人数的 36.1%"；回答"根据需要临时拨付的 113 人，占总人数的 58.2%"；回答"拉赞助 8 人，占总人数的 4.1%"。由此得知，国有企业中对社会责任年初进行预算的企业比例人仍旧不高。

受访者被问及"贵企业对开展社会责任的宣传渠道和形式是什么时"，回答"采取企业社会责任报告及专报"的 169 人，占总人数的 86.7%；回答"各类媒体专题、报道、专访"的 19 人，占总人数的 9.7%；回答"制作相关专栏"的 4 人，占总人数的 2.1%。由此得知，国有企业宣传社会责任的渠道和形成主要靠社会责任报告和媒体专题和报道，渠道仍然单一，社会对企业社会责任履行的知晓度和认可度并不高，在一定程度上影响了企业履行社会责任的积极性和创造性。

受访者被问及"贵企业通过什么方式提升履行社会责任的工作水平"时，回答"为企业相关人员采取培训和讲座方式进行"的166人，占总人数的86%；回答"参与第三方培训项目和研修项目"15人，占总人数的7.8%；回答"聘请专业机构为本企业进行社会责任制定工作体系"的5人，占总人数的2.6%。由此得知，企业履行社会责任水平提升上很大程度上依赖培训和讲座，对于"走出去"的方式则很少，沟通和交流平台很少。

（三）国有企业对生态责任的认识较为模糊

在问及"贵企业是否通过国际环境规律认证体系ISO14000"时，回答"是"71人，占总人数的36.6%；回答"否"44人，占总人数的22.7%；回答"不清楚"的79人，占总人数的40.7%。在问及"您认为企业生态责任最主要在哪些方面"时，回答"企业对自然的生态关系"153人，占总人数的78.9%；回答"企业对社会的生态关系"34人，占总人数的17.5%；回答"企业对市场的生态责任"6人，占总人数的3.1%。

在问及"企业在守住发展与生态两条底线工作开展的情况"时，回答"力度很大"78人，占总人数的40.3%；回答"力度较大"84人，占总人数的43.3%；回答"力度一般"27人，占总人数的13.9%。由此得知，企业员工对企业生态责任的认识较为模糊，很大程度上认为企业不污染环境就是生态责任，然而，企业在生产市场需要的产品时要灌输绿色理念和绿色消费，要不断制造绿色产品，引导绿色消费，做绿色发展的楷模和榜样。

（四）国有企业对脱贫攻坚的政策评价不一

受访者被问及"贵企业是如何看待脱贫开发政策"时，回答

"很重要，与企业发展息息相关" 66 人，占总人数的 33.8%；回答"比较重要，与企业发展有密切关系" 54 人，占总人数的 27.7%；认为"一般，与企业发展关系有一定关系" 31 人，占总人数的 15.7%；认为"不太重要，与企业发展关系不大" 27 人，占总人数的 13.8%。由此得知，企业认为开展脱贫攻坚政策与企业的关系不大，却没有科学认识到企业的责任与党委政府中心任务息息相关，与企业履行社会责任的要求具有时代性，国有企业只有担负着与时代相应的社会责任，社会责任的履行才更加有意义，才更加得到社会认可。

受访者被问及"您认为引导企业开展脱贫帮扶意义大不大"，认为"很大" 84 人，占总人数的 43.1%；认为"较大" 62 人，占总人数的 31.8%；认为"一般" 32 人，占总人数的 16.4%；认为"较小、很小" 5 人，占总人数的 2.5%。受访者被问及"贵企业是否开展帮扶工作"时，认为"是" 164 人，占总人数的 84.1%；认为"否和不清楚" 31 人，占总人数的 15.9%。受访者被问及"贵企业开展扶贫的方式"时，认为"救济式扶贫"的 110 人，占总人数的 62.1%；认为采取"教育式扶贫" 31 人，占总人数的 17.5%；认为采取"产业扶贫"的 6 人，占总人数的 3.4%；认为采取"项目和就业扶贫方式" 2 人，占总人数的 1.2%。受访者被问及"贵企业扶贫工作是由哪个部门负责"时，回答"专门的扶贫小组" 12 人，占总人数的 6.2%；回答"党政办公室" 128 人，占总人数的 64.4%；回答"群团、工会" 50 人，占总人数的 25.8%。

受访者被问及"贵企业在帮扶工作中面临的困难和问题是什么"时，认为"交通基础设施不完善" 91 人，占总人数的 47.2%；认为"对扶贫区域和群众可持续发展缺乏后续力量" 50 人，占总人数的 25.9%；认为"企业扶贫缺少针对性，形式单一，不够丰富" 47 人，占总人数的 24.4%；认为"企业消极应付" 3 人，占总人数的 1.5%。

受访者被问及"您对贵企业扶贫成效评价"时，认为"很好"

33 人，占总人数的 17%；认为"较好"87 人，占总人数的 47%；认为"一般"67 人，占总人数的 34%；认为"很差"和"不清楚"6 人，占总人数的 3.6%。

受访者被问及"您认为企业进一步做好扶贫工作的关键"时，认为"政府要加强企业扶贫工作的服务保障"127 人，占总人数的 66.1%，排在第一；认为"创新扶贫模式，提升扶贫水平"36 人，占总人数的 18.8%，排在第二；认为"加强扶贫人员的培训和服务管理"29 人，占总人数的 15.1%。除此之外，还有加强企业扶贫社会责任宣传和引导，完善企业扶贫责任的激励机制。

三 加强国有企业更好履行社会责任的对策建议

通过问卷调查分析，我们可以从中发现，尽管在中国共产党十八届三中全会上，习近平总书记对国有企业履行社会责任提出明确要求，但在贵州省全面建成小康社会进程中，国有企业对社会责任履行的实际操作中，仍存在认识误区和实践误区。因此，要在制度建设、考核体系、激励机制等方面加强管理。

（一）加强宣传提高国有企业影响力

加强国有企业履行社会责任专题报道力度，特别是十二家国有企业对十二个贫困县的脱贫攻坚的事迹，收集和整理先进事迹、先进人物和先进企业的典型材料，加大正规媒体、微信、手机报等多种形式的宣传报道，让社会和群众真正了解国有企业在脱贫攻坚中的标杆和表率，提升国有企业的影响力。

（二）加大政府对国有企业履行社会责任提供服务保障

国有企业在脱贫攻坚中发挥作用，需要采取资金扶持与项目相结合方式进行，资金的管理和使用需要加强监管和督促，以保证资金真正发挥好作用，起到事半功倍的效果，国有企业在资金使用中需要政府审计部门的支持，对资金审计要实行"开绿灯"，我们认为国有企业在脱贫攻坚中在资金扶持上有困惑和难度。因此，加大政府支持力度更有利于社会责任履行。

（三）创新国有企业脱贫攻坚的方式

一是加强对国有企业扶贫工作的宣传报道力度。收集国有企业在扶贫攻坚中表现突出的企业先进事迹，在政府网站上增设国有企业扶贫攻坚专栏，加大宣传力度，提高国有企业履行社会责任的积极性和主动性。二是建立健全国有企业扶贫工作领导小组和专门部门国有企业社会责任是紧紧围绕省委、省政府的中心工作开展的，贵州省国有企业当下的中心任务是围绕贵州省脱贫攻坚、大生态（国家级文明试验区）、大数据第三大战略进行，除了发展是国有企业的核心任务之外，国有企业的社会责任应与时代同行，与省委、省政府的要求一致。贵州的脱贫不是短时期一蹴而就，扶贫攻坚将是一项长期的任务。要在全省范围内加强重视，在省级层面成立省委常委组成的领导小组办公室，由分管企业的副省长任执行组长，省直各个职能部门负责人为领导小组成员，将办公室设在省经济信息化委员会或者省发改委；各个国有企业要加强重视，加设脱贫攻坚的扶贫领导小组和部门，由董事长和总经理担任领导小组组长，企业内部各个部门负责人为扶贫小组成员，设置专门机构和安排专人负责，做好长期作战的思想准备和组织准备。三是创新扶贫模式，提升扶贫效率。从本课题调研的国有企业来看，当前国有企业主要采取"救济式"、"输血式"的扶贫模式，这样的扶贫模式虽然短期很快就会见效，但长期看，其扶贫效率可持续性存在争议，扶贫的效果不甚理想，建议将国有企业力量进行整合，将整合的资金、技术资源进行产业扶贫、项目扶贫的投入和管理，重点加强贫困县、贫困乡（镇）、贫困村的教育扶贫和技能扶贫。给予返乡、返村人员以技能上的扶贫，从治标到治本扶贫相结合，真正实现扶贫扶智。四是科学利用市场因素发挥好扶贫攻坚作用。人民对美好生活的向往是贵州省的脱贫攻坚真正的意义所在，要将脱贫攻坚作为群众能否真正得到实惠，地方经济社会是否得到真正发展，扶贫效果如何将是我们党新形势下执政能力的大检阅。因此，充分利用好市场因素，发挥好产业、项目对接市场是最为关键环节，加强政府服务企业的职能作用，提供企业扶贫攻坚的重要保障。

（四）加大国有企业履行"大生态"战略社会责任的监督

当前，贵州省作为国家首批生态文明示范区，国有企业在生态文明示范区的建设中仍要做出生态建设、生态保护、生态管理、生态创新的表率，将发展与生态两条底线守住，正确处理与发展的关系，以生态促发展，以发展维护生态的企业可持续发展，坚守绿色发展、绿色生产、绿色投入、绿色技术创新等放在首要位置，加速转型升级，将生态理念置于国有企业发展战略中，统筹规划国有企业的生态定位，实施生态展于国有企业的每个环节和管理中，国有企业个个都是生态企业，人人都是生态人。

B.13
贵州省工业企业社会责任报告
综合评估分析

郭 丽 李思瑾*

摘 要： 本文选定由省工业经济联合协会推荐的51家企业，作为
2016年社会责任报告进行样本分析，总结和提炼贵州省工
业企业社会责任报告的发布情况和报告文本情况，报告文
本的特征，分析查找存在的具体问题，提出相应的对策建
议，对企业社会责任报告将有一定的指导意义和借鉴意义。

关键词： 工业企业 社会责任报告 评估分析

引 言

2006~2016年，中国企业社会责任走过了快速发展的十年。十
年间，在政府、社会、学术研究机构、群众、媒体等多方力量的共同
努力下，企业社会责任理念逐步树立，社会责任体系以及社会责任管
理体系逐渐健全。2016，作为"十三五"的开局之年，面对新的形
势、新的任务和新要求，企业社会责任的履行对于实现企业"十三
五"改革发展目标具有十分重要的意义。在这一年里，贵州省企业
通过发表社会责任报告，践行企业社会责任，取得了明显的成效。

---

* 郭丽，贵州省社会科学院党建研究所所长，研究员；李思瑾，宁波诺丁汉大学国际政治学专
业学生。

2017 年发布社会责任报告的企业共有 70 家，贵州省工业企业经济联合会从中筛选了 51 份优秀的企业社会责任报告进行综合评估分析，并撰写了《2017 年贵州省企业社会责任综合评估报告》，透过报告见证企业社会责任在 2016 年走过的峥嵘岁月。

一 工业企业社会责任报告的基本情况

（一）企业分布情况

统计数据显示，贵州省 51 家企业中，有 42 家企业分布在贵阳市，占比 80.4%；其次是遵义市，占比 7.8%；毕节市占比 3.9%；其余的地区都只有 1 家，各占比 2.0%（见图 1）。

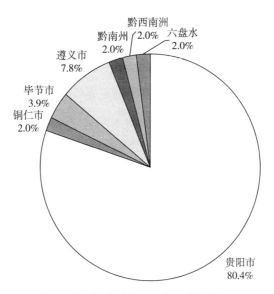

图1 报告发布企业地区分布情况

（二）企业性质

51 家企业中，地方国有及国有控股工业企业数量与民营企业相同，都为23家，占45.1%；中央企业（含分公司、子公司）共2家，占3.9%；多元持股的混合所有制企业有3家，占5.9%（见图2）。

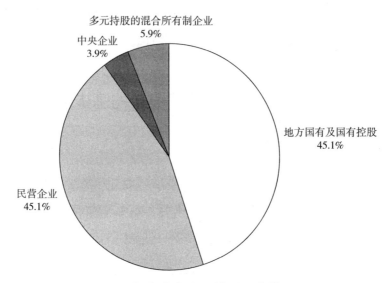

图2 报告发布企业性质分布情况

（三）企业规模

根据贵州企业联合会和贵州企业家协会发布的2016年贵州企业100强和贵州民营企业100强名单，及2016年世界500强名单，51家企业中，世界500强企业有1家，占2.0%；贵州100强企业（不含世界500强企业）9家，占17.6%；贵州民营100强企业有2家，占3.9%；贵州"双百"强企业6家，占11.8%；未进排名的企业有33家，占64.7%（见图3）。

（四）行业分布

如图4所示，51家企业中，涉及医药、建筑、建材、煤炭等16个行业。从发布数量上来看，食品、饮料是报告发布最多的行业，有13家，占25.4%；电力、热力、燃气及水的生产和供应行业紧随其

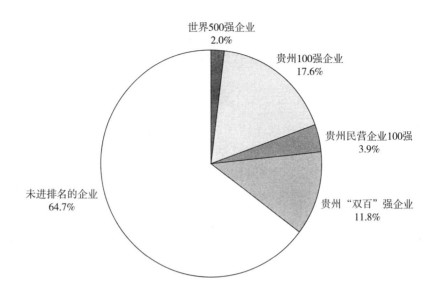

图3　报告发布企业规模分布情况

后，有6家企业，占11.7%；有色、矿业和医药行业各有5家，占比9.8%；航空航天运输设备制造、建材、汽车制造、化肥制造、交通基础设施制造和银行业各有2家，各占4.0%；建筑、通信、民爆产品制造，以及电线、电缆生产制造各1家，各占2.0%；交通运输、物流及能源（煤炭）各3家，各占5.9%。

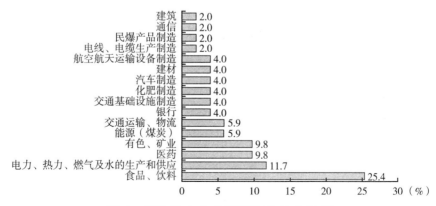

图4　报告发布企业所属行业分布比例

二 编制依据和总体情况

中国工经联《中国工业企业及工业协会社会责任指南（第二版）》、《中国工业企业社会责任指南实施手册》、《评价指标体系》及《贵州省企业履行社会责任的意见》是报告编制的首要参考依据，有 32 份报告，占 62.7%；中国社会科学院《中国企业社会责任报告编写指南》次之，有 21 份，占 41.2%；参考全球报告倡议组织《可持续发展报告指南》的有 6 份，占 11.8%；参考国务院国资委《关于中央企业履行社会责任的指导意见》（国资发研究〔2008〕1 号）的报告有 5 份，占 9.8%；参考国际标准化组织《ISO26000：社会责任指南（2010）》的报告有 6 份，占 11.8%；此外无编制依据的报告有 5 份，占 9.8%（见表 1）。

表 1　报告编制依据统计

编制依据	报告数量（份）	所占比例（%）
中国工经联《中国工业企业及工业协会社会责任指南（第二版）》、《中国工业企业社会责任指南实施手册》、《评价指标体系》及《贵州省企业履行社会责任的意见》	32	62.7
中国社会科学院《中国企业社会责任报告编写指南》	21	41.2
全球报告倡议组织《可持续发展报告指南》	6	11.8
国际标准化组织《ISO26000:社会责任指南（2010）》	6	11.8
国务院国资委《关于中央企业履行社会责任的指导意见》（国资发研究〔2008〕1 号）	5	9.8
无编制依据	5	9.8

（一）篇幅分布

如图 5 所示，51 份报告中，篇幅主要集中在 31~40 页和 41~50 页两个频段，分别有 15 份和 12 份，占比分别为 29.4% 和 23.5%；20~30 页的报告数量为 8 份，占 15.7%；51~60 页的报告也为 8 份，占比 15.7%；61~70 页的报告数量为 6 份，占 11.8%；此外，有 2 家企业的报告篇幅达到 80 页。总体而言，发布报告企业披露信息量较大，内容丰富。

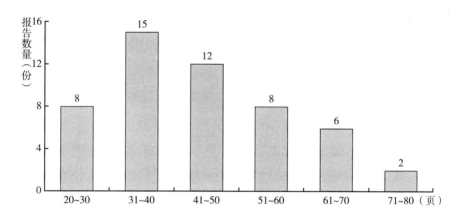

图 5　报告篇幅分布情况

（二）发布次数

51 份报告中，首次发布报告的企业数量最多，有 13 家，占 25.5%；发布报告次数为 6 次的企业数量为 7 家，占比 13.7%；发布次数为 2 次、4 次和 5 次的企业数量相同，均为 4 家，占比 7.8%；未在报告中提及发布次数的企业有 11 家，占比 21.6%（见图 6），分别为国药集团同济堂（贵州）制药有限公司、玉蝶控股集团有限公司、中国移动通信贵州公司和贵州路桥集团有限公司等。

（三）报告内容全面充实

编制说明内容一般包括报告时间范围、发布周期、报告边界、数据说明、参考标准、编制流程等内容。如图 7 所示，51 份报告中，47 份均包括编制说明，占 92.9%。

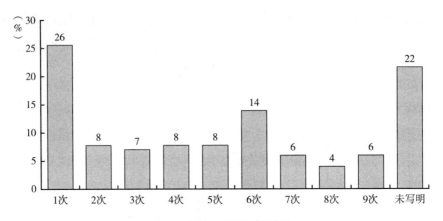

图6 报告发布次数统计

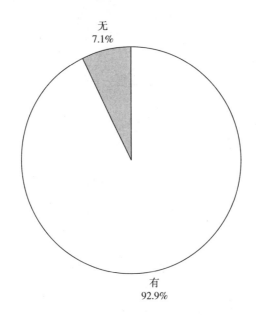

图7 发布报告编制说明情况

高管声明： 如图8所示，高管声明主要企业领导人站在企业的高度，表达对企业社会责任的使命认同和支持，以及介绍了公司年度对社会责任的工作部署和实践。在51份报告中，48份报告均包括了高管声明，占96.4%。

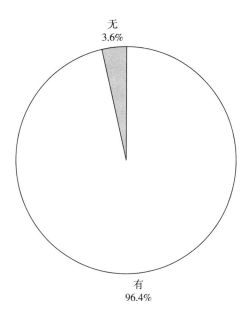

无
3.6%

有
96.4%

图8　发布报告高管声明分布情况

（四）公司简介

公司简介主要包括对公司的核心业务、发展状况、组织机构等进行简单描述。51 份报告全部对公司简介进行了披露，占比 100%。

责任管理：如图 9 所示，责任管理主要包括责任理念认同、责任组织管理、责任制度建设、责任能力建设、利益相关方参与、责任信息披露、责任绩效考核、责任治理等内容。其中利益相关方沟通指标覆盖率最高，为 90.2%。责任理念与认同次之，覆盖率为 88.2%。

责任绩效：如图 10 所示，正确确定企业履行社会责任的重点议题，并采取合理有效的履责行动是工业企业社会责任管理的重点。依据《中国工业企业社会责任管理指南（2015）》确立的社会责任重点议题，主要包括公平运营、顾客与消费者权益、绿色制造、安全生产、技术创新与应用、和谐劳动关系、可持续供应链管理以及社会参

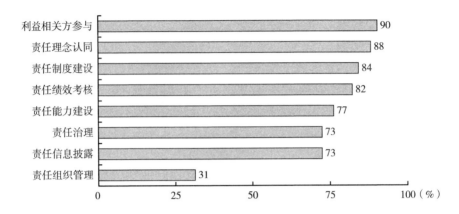

图9 发布报告责任管理指标披露情况

与和发展八大议题，是经过综合考量所确立的主题，供工业企业在履责实践中参考。

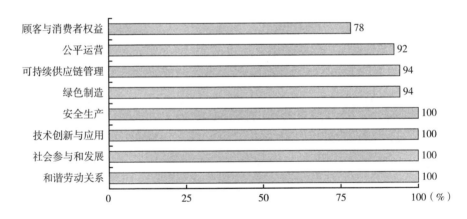

图10 社会责任绩效指标覆盖率

发布报告的51家企业中，责任绩效指标的覆盖率达到了100%。其中安全生产、技术创新与应用、社会参与和发展以及和谐劳动关系指标覆盖率为100%；可持续供应链管理和绿色制造指标覆盖率均为94.1%；企业在顾客与消费者权益指标上的披露覆盖率最低，为78.4%。

（五）未来展望

未来展望主要包括工作目标和工作计划两个方面内容。在51份报告中，38份报告包括未来展望部分。其中，披露未来工作目标的报告占比为67.9%，披露未来工作计划的报告占比为53.6%（见图11、图12）。

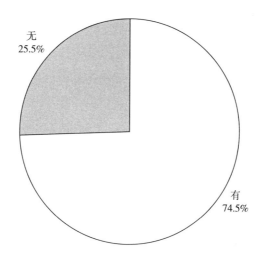

图11　报告未来展望情况

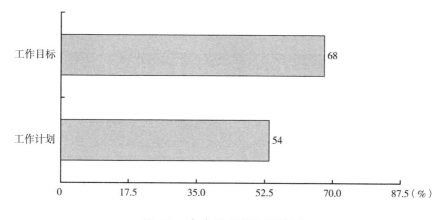

图12　未来展望指标覆盖率

（六）报告附录

51 份报告中，35 份报告包括附录章节，占比 68.6%，其中 28.6% 的报告中披露了报告索引，62.9% 的报告中披露了第三方评价，57.1% 的报告在附录中编制了意见反馈表（见图 13、图 14）。

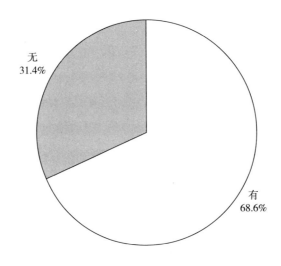

图 13 报告附录情况

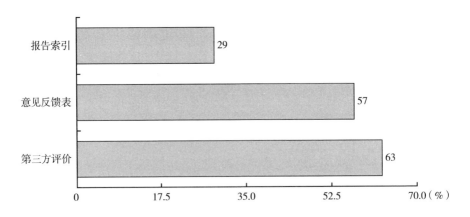

图 14 报告附录指标覆盖率

（七）形式丰富多样

"责任专题"主要在报告的前半部分出现，用于突出展示企业年度特色社会责任工作，披露公司的重点社会责任实践及其成效。在 51 份报告中，46 份报告含有"责任专题"板块，占比 90.2%（见图 15）。

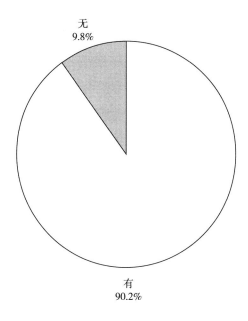

图 15　报告责任专题指标覆盖率

（八）案例

在 51 份报告中，有 47 份报告运用"讲故事"的形式介绍公司的履职重点（例如有"员工权益""社会公益行动""绿色环保"等主要议题的案例板块），占比 92.2%（见图 16）。

177

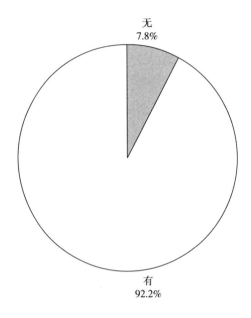

无
7.8%

有
92.2%

图16　案例指标覆盖率

（九）利益相关方及第三方评价

51份报告中，有23份报告披露了外部声音，全部为第三方评价，占比45.1%。在采用第三方评价的23份报告中，20份采用了质量认证，占比87.0%。出具行业协会报告的有3份，占13.0%（见图17、图18）。

（十）图表、图形和图片

51份报告中，100%的企业采用了图表、图形和图片，直观展示公司的组织结构、绩效、公益项目等，形象地展示了企业的社会责任实践工作。

（十一）构思设计独特

报告设计主题是报告的核心思想，高度浓缩了企业社会责任工作

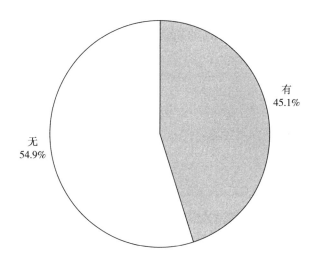

图17　利益相关方及第三方评价指标披露情况

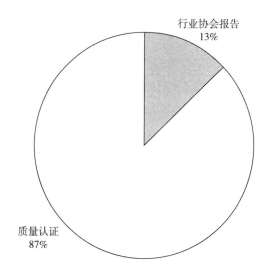

图18　第三方评价分类情况

的重点。51 份报告中，有 9 份报告设计了主题，并在封面展示，占比 17.6%（见图 19）。其中，企业设置的主题均与企业特点和社会责任要求高度契合（见表 2）。

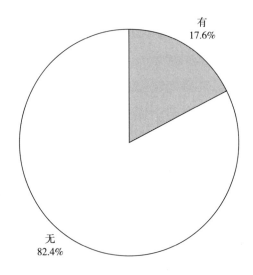

图19　报告主题指标覆盖率

表2　相关企业报告主题

企业名称	报告主题
贵州黔源电力股份有限公司	人本　合作　共赢
联塑科技发展(贵阳)有限公司	联系现在　塑造未来
首钢水钢	回馈社会　成就员工
贵州盘江国有资本运营有限公司	开放　包容　合作
贵州轮胎股份有限公司	团结　严谨　创新　前进
中国贵州茅台酒厂(集团)有限责任公司	爱我茅台　为国争光
中国移动通信贵州公司	正德厚生　臻于至善
贵州五福坊食品股份有限公司	打造特色美食　铸造中国品牌
贵州国台酒业有限公司	创造健康　人人共享

报告个性化呈现：随着《贵州企业履行社会责任的指导意见》的推行，企业的社会责任编排模式越来越多样化，编排方式也不断创新和更新，采用先进的图表软件以及精致的设计，使报告在结构编排上更具个性化和多元化；内容更加直观、形象、生动地呈现工作的社

会实践和成效。让读者可以清晰地了解公司社会责任的主线和重点，增加读者的阅读兴趣。

三 本次报告发布企业呈现以下基本特征

（一）国有企业和民营企业是发布报告的主要来源

统计数据显示，地方国有及国有控股工业企业和民营企业数量相同，各有 23 家，其余为中央企业和多元持股的混合所有制企业。51 家企业全部来自贵州省工业经济联合会推荐，实践表明，企业自身在不断认同和自觉践行社会责任履行的基础上，越来越多的企业主动寻求多方平台披露企业社会责任实践，加大企业社会责任的宣传力度，扩大企业影响力。

（二）企业报告发布行业分布广泛

本次企业社会责任参加集中发布的企业涉及医药、通信、建材、建筑等 16 个行业。其中，食品饮料业发布报告企业数量最多，共有 13 家。

（三）企业报告披露信息量较大，社会责任管理指标完整，责任绩效内容丰富

贵州企业社会责任报告信息量大，内容全面。企业报告一开始就大篇幅介绍社会责任的顶层设计，除了介绍自身经济发展以外，技术创新，员工培训、福利，产品质量管理、企业安全管理，环境责任，社会慈善等方面都做了详细介绍。大多数的企业将社会责任与企业经济发展纳入年度计划，一起规划，一起部署，一起安排，一起检查和一起监督和考核。在责任绩效板块，贵州企业报告社会绩效指标的覆

盖率达到了100%。其中覆盖率相对最低的公平运营指标所占比例也达到了78.4%（全国社会责任绩效指标覆盖率最低为49.4%）。

（四）报告发布连续性较好，企业社会责任信息传播的方式丰富

在贵州省经济信息委员会的领导下，在贵州省工业经济联合协会的强力推动下，贵州企业社会责任报告连续性较好。将近50%的企业连续发布7次以上。有的甚至高达9次，如贵州黔源电力股份有限公司。有24份企业社会责任实效性较强，公布时间在第一、二季度。企业社会责任传播方式不断创新。有的采用二维码，有的采用微信、微博，加强了社会责任传递的及时性和有效性，为社会公众对企业社会责任的了解增添了渠道，及时扩大企业的影响力和公信力。

（五）报告参考标准多样

参考标准是企业作好社会责任报告的依据。有的企业报告披露了报告编写的参考标准只有一种；有的企业参考标准有两种。这说明尽管连续做了7年的社会责任发布，仍然没有统一的编写模式，企业社会责任报告的内容也不尽相同。尽管24份报告参考两种及以上的标准。贵州省企业社会责任报告有的参考国内指南；有的注重参考国际相关标准。其中GRI、社科院指南成为最受贵州企业青睐的三大社会责任报告编写标准。

（六）报告附录板块覆盖率偏低，第三方评价不足

报告附录包括三类：报告索引、意见反馈表和第三方评价。贵州企业社会责任报告在报告附录板块覆盖率偏低，有18家企业的报告未含有报告附录。其中29份为第三方评价，占比57.1%。第三方评价主要包括五类：报告评级、专家点评、质量认证、数据审验和行业

协会评价。例如中国贵州茅台酒厂（集团）有限责任公司提供了行业协会报告。

四　未来企业社会责任报告建议

（一）加大宣传力度

贵州政府要加大宣传力度，营造履责氛围。统计数据显示，贵州省高质量的工业企业社会责任报告数量较 2015 年少，这充分说明企业对社会责任的认识、理解和支持还没有达到完全认同，政府部门要多种形式加大宣传力度，要树立企业命运和企业社会责任的正相关性，提高企业员工对企业履行社会责任的知晓度，赢得企业员工对企业履行社会责任的支持力度，在全社会营造履行社会责任的良好氛围。

（二）加大企业社会责任关键绩效信息的披露

目前企业社会责任报告内容显示，企业同行业之间利益相关方的信息披露相对较少，且相关绩效数据或信息比较分散，应树立关键绩效披露意识，让社会掌握和了解企业的发展进程，对企业更多关注和支持。应建立数据共享机制，将企业社会责任的内容进一步分享，同谋发展。

（三）逐步提高报告的国际化水平

将国际通用的相关标准或指南作为编制依据，注重报告语言的通行性，增强贵州国有企业社会责任报告国际化模式意识，提高贵州省国有企业社会责任的影响力和知名度，自觉接受贵州省企业社会责任报告接受国际水平的认可度。报告数据显示，参考全球报告倡议组织

《可持续发展报告指南》和国际标准化组织《ISO26000：社会责任指南（2010）》的报告仅各有6份，占总数的11.8%；依据国际通行的相关标准或指南的报告数量远远少于参考中国国内通行的相关标准的报告数量。中英文对照或英文版报告为0份。

B.14
精准扶贫中政企主体间的利益关系整合

——基于大方·恒大政企合作减贫模式的调查

谢忠文　李　倩*

摘　要： 贵州毕节市是全国首个，也是唯一的"开发扶贫、生态建设、人口控制"试验区。2015年，在统一战线服务科学发展的总体思路下，广州恒大集团把扶贫的重点向毕节市大方县下移。通过产业扶贫、易地扶贫搬迁扶贫、吸纳就业扶贫、发展教育扶贫、家庭创业扶贫、特困群体生活保障扶贫六大措施，开展企业扶贫的重要探索。大方·恒大政企合作在精准扶贫中成效显著，究其根本原因在于有效整合利益关系，充分发挥了政府和市场两个主体的作用。这一模式对精准扶贫具有重要启示。

关键词： 贫困均衡　政企合作　减贫发展

一　问题提出：打破贫困均衡状态

人们没有发展的可行能力或这种能力被剥夺就会失去发展和致富的机会，就会贫困。社会主义的本质就是消除贫困，最终实现共同富

---

* 谢忠文，贵州社会科学院文化研究所副研究员；李倩，贵州师范学院地理旅游学院副教授。

裕。反贫困理论的构建主要有三个来源：一是后凯恩斯主义经济学；二是福利经济学；三是发展经济学。20 世纪 60 年代以来，福利经济学与发展经济学在贫困理论研究领域所取得的成就更为显著，其理论对策在发展中国家的扶贫开发实践中得到广泛运用。发展经济学与福利经济学在反贫困理论研究中指出，贫困的本质是能力和机遇的缺失，发展中国家贫困长期存在的根本原因是"贫困的恶性循环"①，表现为低收入状态下的恶性循环，这种循环具有牢固性、低水平性、封闭性等特点，如果没有外力冲击，很难摆脱这种恶性循环。

"贫困的恶性循环"将是一种无法打破平衡现象，依靠贫困地区的自身发展不能得到有效解决。这一理论的政策意义在于，反贫困资源的提供者只能来自贫困地区之外，如政府、NGO 组织，通过这些部门对贫困地区的大规模投资，才能确保高产出率，提高人们的收入水平，跳出"贫困的恶性循环"，最终实现脱贫目标。政府与企业在这一过程中是两个互动的主体，其中政府提供较好质量的公共产品，企业则通过市场机制，是贫困地区获得能力增长。因此，在反贫困的路径选择上国际上有三种模式：第一种是资源配置模式，特别政府在减贫中的作用；第二种是惩罚"机能障碍"模式，着重考察贫困人口生活方式与社会规范，强调通过教育、文化适应等方式，消除"机能障碍"来彻底解决贫困问题；第三种是介入"机遇结构"模式，将贫困与"机遇结构"缺乏联系在一起，从对贫困人口研究转向对导致贫困状态的社会及经济结构进行系统研究，属于发展经济学范畴。三种路径是从低级向高级、单一向系统逐步提升发展的过程。

自全面建成小康社会成为执政党的庄严承诺后，农村贫困状况就成了全面建成小康社会中的短板。不少地区都在积极探索精准扶贫的

---

① 〔美〕纳克斯（Nurkse）：《不发达国家资本的形成》，谨斋译，商务印书馆，1966，第 153 页。

模式和路径，试图通过产业下乡来扶持自我发展能力较低的农村贫困人口。但许多地方的探索并不成功。原因主要有三点：一是企业作为一个利益主体，获取利润是企业的根本目的，由于收益率不高，企业缺乏持续的热情，往往导致扶贫产业半途而废，许多烂尾工程比比皆是；二是地方政府介入太深太广以至于将扶贫事业变成了利益部门伸张的载体，同时还对企业的动机表示怀疑，逐渐导致地方经济生态日益恶化；三是扶贫对象（贫困户）不满于短期的输血式扶贫，扶贫产业成了"伤民产业"，他们希望谋求长期稳定的收入，对政府企业的半拉子工程也多有不满，积怨日深。处理好三方利益关系的着力点在于处理好政府与企业的关系，要在两个主体之间建立良好的利益协调机制，整合双方的利益冲突。考察一下，我们发现大方·恒大政企合作减贫的实践实际上就是利益整合机制建立的过程。

二 利益整合中的政府角色

在大方·恒大政企合作减贫行动中，大方县政府发挥了不可替代的作用，并与恒大集团形成了合作、互补的新型政企关系。在这一模式中，大方政府不再局限于传统减贫扶贫工作中的传统政府作用和角色，还为恒大集团开展减贫扶贫行动的可靠性提供了强大的信用背书。大方县政府在当地贫困人口中有很高的公信力，社会组织、社会动员能力和公信力。这些无形资源的能力是初来大方的恒大集团所不具备的。这些资源与恒大集团所拥有的资源进行了整合和互补，对恒大集团的扶贫减贫措施的制定、实施影响巨大，并成为大方模式能否有效的关键所在。

（一）减贫组织动员

恒大集团帮扶大方县的整个准备实施阶段都少不了政府的背后助

推能力，政府利用其自身独具的公信力，在恒大集团帮扶大方县脱贫工作开展之前做好相应的措施宣传工作，以政府为主导和担保机构，使大方县贫困户对恒大集团的进入帮扶能够以包容的心态接受与支持。

只有做好前期思想准备才能使恒大集团进入大方县之后进一步有效地开展工作，实施扶贫。从而使整个扶贫工作在和谐效率高的环境中展开，形成"政府搭台、企业唱戏、贫困户参与、三家收益"的发展模式。

（二）基础设施建设

大方县政府做好自身发展，需要进行有效的规划和布局，恒大集团帮扶大方县的过程中大方县政府无偿提供给恒大集团宝贵的土地资源，供恒大集团开展扶贫减贫工作，并解决土地征用、转移、补偿等问题。

恒大集团利用大方县的土地资源采取产业扶贫、易地搬迁扶贫等扶贫措施，帮助大方县居民能够住上安全可靠的房子，并且从以往的"输血救济"逐步转变为"造血自救"。在大方县政府土地资源的支持与帮助之下，进一步帮助大方县贫困居民摆脱贫困，走上发展致富的道路。

大方县贫困户在政府的帮助下解决了交通问题，这就为恒大集团帮扶大方县贫困户脱贫奠定了很好的基础，进一步减少了恒大集团在帮扶工程之中会遇到的问题。

（三）工作宏观协调

恒大集团驻大方县扶贫的工作人员对大方县的整体认知最开始还是只存在书面资料的一种认可，并没有进行实际的考察，但在恒大帮扶大方的政企合作模式之下，大方县政府官员对恒大进行了相应的帮助与支持，恒大并非在单打独斗，有了政府相关人员的帮助，可以使整个帮扶过程更加行之有效地进行，减少实施阻力。

政府人员作为恒大的后备力量之一，不仅能使恒大集团以最快的速度了解大方县最真实的状态，而且能从大方县的实施情况出发进行有对策的帮扶，从而使恒大的帮扶能从大方县的实际出发，使扶贫力度达到最大化。

三 利益整合中的企业策略

恒大集团把对大方县的帮扶工作分"三步走"。第一步，2016年重点帮扶大方县东部山区60个贫困村。第二步，2017年重点帮扶大方县北部、南部山区80个贫困村。第三步，2018年重点帮扶大方县西部偏远山区35个贫困村。根据大方县政府提供的基本情况数据并结合恒大自己采集的贫困户相关数据，针对贫困户致贫的原因，恒大力图从致贫的源头入手，针对不同的致贫因素，有针对性地制定并实施了六大减贫扶贫措施，构成了大方减贫模式的核心内容。恒大集团计划在帮扶大方县的三年内投入30亿元扶贫资金，通过产业扶贫、易地搬迁扶贫、吸纳就业扶贫、发展教育扶贫、创业扶贫及慈善事业扶贫六大综合措施，结对帮扶大方县，在2018年底实现大方县贫困人口全部稳定脱贫。

（一）产业扶贫

恒大集团因地制宜，充分利用大方县的自然资源，以互助合作社的方式，实施产业扶贫。针对有生产能力，却没有思路、没有资金的贫困户进行生产扶持，恒大计划投入9亿元，三年培育1000个以合作社方式运营的特色农牧业基地，形成产业化经营，同时引进上、下游龙头企业，预计帮助5万户10万人就地脱贫。恒大结合当地实际，发展以蔬菜、肉牛、中药材和经果林为基础的特色产业，让每一个贫困户都可以享有恒大的帮扶，并且在引进龙头企业的基础上，形成"龙头企业＋合作社＋基地"的帮扶模式，实现供产销一体化经营，帮助贫困人口就地脱贫。

目前，恒大已投入扶贫资金 2.97 亿元，为大方县的贫困户开工建设 224 个蔬菜、肉牛、中药材、经果林产业化基地，共投入扶贫资金 2.97 亿元；设立恒大产业扶贫贷款担保基金，为专业合作社提供贷款，贷款总额达 10 亿元。

大方县六龙镇大梁子村后寨组的黄艳一家作为恒大产业扶贫的对象之一，在以前只能种大豆、玉米、土豆等农作物，只能保障家里的基本生活，哪谈得上什么小康生活。2015 年，恒大的到来让她看到了生活的希望，在恒大的帮扶下，跟着村里的合作社干起了种植辣椒，由以前的生活基本保障到现在的产供销一体化，让黄艳一家在自己的土地上收获了喜悦。

（二）易地搬迁扶贫

有产业依托的易地搬迁扶贫，才能取得成效，才能实现贫困户稳定脱贫。针对大方县住在深山老林里，路不通、水不通、电不通，房子不遮风、不挡雨的贫困群众，迫切需要易地搬迁扶贫。结合国家新型城镇化和新农村建设的要求，建设带产业依托的新农村。目前，恒大已投入 3.17 亿元，第一批开工建设的 10 个新农村已完成并已交付使用，建设了奢香古镇也于 2017 年 4 月 30 日交付使用，将安置 1000 户 4000 人。奢香古镇本着"实用、节约"的原则，将一楼作为商铺，二楼作为住宅，实现盈利、住房两不误，走出了一条能借鉴、可复制、可推广的路子。

恒大建设的带有产业依托的新农村，更是配备了家私家电等基本生活用品，同时配备蔬菜大棚、肉牛养殖等，新农村旁的风情园更是作为乡村旅游发展起来，确保贫困户"能脱贫、稳得住"。

（三）发展教育扶贫

"治贫先治愚，扶贫先扶智"，发展教育扶贫，是拔出穷根的关键。恒大结合大方县的实际，设计以建学校、强师资、设资金的方式，全方位补足当地教育资源缺口。目前，恒大集团已投入3.3亿元，开工建设的11所小学、8所幼儿园，其中3所幼儿园、7所小学已交付使用，1所完全中学和1所职业技术学院将于2018年6月30日前交付。恒大集团还设立"恒大大方教育奖励基金"，用于奖励贫困家庭的优秀学生和偏远山区的优秀教师。贫困户孩子梁旋现就读于大方恒大第二小学六年级。以前，他只能在电视上看到学校，现在真真切切地展现在他眼前，感觉像梦一样，以前要走几个小时山路才能走到学校，现在学校离家近了，学习环境好了，学习更加认真努力了。

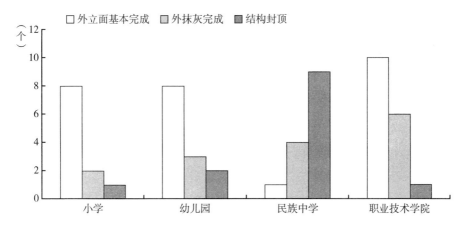

图1 基础教育设施完成情况（截至2017年3月）

（四）吸纳就业扶贫

"一人就业，全家脱贫"，吸纳就业扶贫，是见效最快的脱贫方式。针对贫困家庭的文化技能情况，恒大组织职业技能培训，吸纳贫困户就业。目前恒大已进行了两期职业技能培训，培训人数已达9500人，吸纳到恒大集团及战略合作企业就业7726人，就业人员工资增加，生活水平提高，直接实现近2万人脱贫。例如，贫困户陈正喜没有特别的劳动技能，有3个孩子正在上学，还有年过八旬的老母亲，他微薄的务农收入成为家里唯一的经济来源，家庭特别困难。2016年2月，在大方基层政府和村委会的动员下，陈正喜参加了恒大组织的第二期的吸纳就业培训。培训结束后，陈正喜获得在恒大集团安徽省马鞍山市恒大御景湾公司的工作机会，主要负责物业维护工作，每天上班7个小时，到手的月工资4000多元，实现了摘帽脱贫。

（五）创业扶贫

作为脱贫致富的内生动力的创业扶持，在脱贫致富中有举足轻重的地位。为鼓励支持贫困户积极创业，恒大设立"恒大大方贫困家庭创业基金"来帮助贫困户创业，解决了贫困户创业中资金不足的问题，帮助3万人脱贫致富。目前，帮扶创业的贫困户家庭已达4211户。人穷志不短，大方县三元彝族苗族白族乡失明的杨跃志是一个怀揣梦想的穷苦人，但他的眼睛根本看不见。在恒大的创业扶贫基金的帮扶下，开起了爱心盲人理疗按摩店，实现了自己创业的梦想。

（六）慈善事业扶贫

慈善事业，是扶贫攻坚战中必不可少的组成部分。恒大在大方修建的1所慈善医院、1所养老院、1所儿童福利院已在2017年交付使用。为实现孤寡老人的养老就医，困境儿童的生活学习和贫困家庭的就医，恒大设立了"恒大大方慈善基金"，为贫困户提供基本生活保障。另外，恒大还为每一个特困人群购买一份固定收益的商业保险，保险总量达 14140 份。同时,恒大组织恒大集团员工进行"一对一"帮扶,帮扶全县 4993 个农村留守儿童、困境儿童和孤儿,让孩子生活得更好。生活在大方县大山乡光华村的贫困小孩启敏是一个不善交流、不会认字、性格孤僻的小女孩,通过恒大员工的"一对一"帮扶,启敏和热心叔叔结成"山海联盟",热心叔叔寄来衣物、学习用品等,也经常打来电话跟家人询问启敏的情况,一来二去,启敏开始变得开朗,笑容多了起来。

四 减贫的成效分析

自从大方政府、恒大集团开创政企合作减贫新模式以来,相关措施已经显现了明显的效果,对贫困户脱贫产生了深刻的影响。个人层面上实现了贫困户增收;家庭层面上实现了家庭成员就业,促进了家庭和谐;经济层面上促进当地经济的发展;社会层面上一定程度上提升了当地百姓的幸福感,社会更加和谐有序;文化层面上保护了少数民族传统文化,并通过民族文化和旅游开发的结合,拓展了少数民族文化生存空间,有利于民族文化的创新和传承。

(一)增收效应明显,自我发展能力大幅提升

发展教育扶贫使居民自身教育水平不断提升,居民的对外竞争力不断加强,减贫模式下对贫困户的帮扶工作从以往的帮钱转向帮智,真正意义上实现居民的"造血"自救。产业扶贫、吸纳就业扶贫以及创业扶贫为当地居民创造了大量的工作机会,实现贫困户就近就业,解决生存问题。产业扶贫、创业扶贫等一系列的扶贫措施使贫困居民能接触到不同的创收方式,从而使居民的收入不断增加,生活质量也不断得以提高。

事物都有两面性。本地就业使居民留在家乡工作,对年轻人而言

似乎就缺少外出闯荡世界、增长见识的机会，使居民发展的前景受到了相应的限制。在自己家乡工作，工资待遇都比不上北、上、广、深的同类行业，经济收入减少会给居民的生活带来诸多不便，生活水平无法提高。由于精准扶贫力度不断加大，会逐步局限居民未来的发展方向，大量接收精准扶贫方案的信息，会使居民错失一些向其他行业、其他方向的发展机会，在不断接收扶贫信息的同时，容易使居民产生一种"跟着走"的心理状态，从而削弱了自主脱贫的意识，出现发展后期自主脱贫意识薄弱的窘况。

不同区域所得到的扶贫力度也都各有不同，扶贫的差异导致贫困居民缺教育、缺劳动力、缺资金的现象十分普遍。由于贫困居民教育、劳动力以及资金的缺乏导致扶贫效果的不显著，在这一减贫模式下，贫困居民个人的发展方向和发展前景具有局限性。大方县自身的"重男轻女"现象十分严重，男女比例的失调直接影响当地经济增长速度、生产结构，其深远危害也会接踵而至，为缓解大方县"重男轻女"现象，改变人们的生活观念，恒大集团对此开展了发展教育扶贫，以发展教育的方式来纠正人们错误的生育观念，进而逐步改变当地"重男轻女"的现象。

恒大集团设立了3亿元的"恒大大方贫困家庭创业基金"，以此来鼓励留在当地的居民进行自主创业，从而能进一步发展经济，使大方居民能够逐步脱贫。

恒大对大方实行的吸纳就业扶贫，目前恒大已投入500万元培训9500人，已吸纳就业7726人，就业人员年均工资42000元，直接实现近23万人脱贫，但每个家庭每个居民对生活的要求各有不同，因此也难以做到满足每个人的期望。

（二）就业创业融合发展，两个主体积极性充分发挥

自减贫模式实施以来，多数企业帮助当地居民进行职业技能培

训，使当地居民的技能水平逐步提升，从而提升自己在市场上的利用价值，并且，通过吸纳就业扶贫使贫困家庭劳动力到帮扶企业以及战略合作企业就业。使多数劳动力转变为技能劳动力，改变劳动力结构，促使当地劳动力的个人收入增加，个人收入增加带动家庭收入的上升，从而促进当地经济的发展。

产业扶贫和创业扶贫的实施与发展，使当地居民在帮扶集团的支持之下谋求到了一条利用自身特色摆脱贫困从而发家致富的道路。利用帮扶集团的资金、信息与技术，加以自身独特的地理优势与发展条件，在两者相结合的前提之下走出一条通过自身产业发展和自主创业模式的脱贫道路。

恒大对大方实行的产业扶贫政策，三年培育 1000 个特色农牧业基地，恒大对蔬菜基地采取了"龙头企业 + 合作社 + 基地"的帮扶模式，从而实现产销一体化经营，解决了农户"不知道种什么，不知道种多少，不知道怎么种、不知道卖给谁"的根本性问题，确保贫困户持续增收，能稳定脱贫。肉牛养殖基地采取"母牛供应—技能培训—饲养—收购—加工—销售的产业化体系"，从而帮助大方县居民实现脱贫，并且恒大集团还引进了中药材、经果林上下游龙头企业，建立了种子供应、技能培训、种植、收购、加工、销售等产业化体系，使居民的年人均纯收入达到了 5500 元之上，以产业扶贫带动大方县居民逐步摆脱贫困，充分实现"造血"自救。

大方县劳动力人口近年来一直占总量的 80% ~ 95%，其中多数为普通劳动力。这为恒大集团在大方县大力发展产业扶贫提供了充足的劳动力。同时也说明了通过产业扶贫，创造就业机会，从而满足贫困户就近就业、增收贫致富的迫切需求。

恒大集团的减贫举措，因地制宜，坚持科学、集约发展的理念，把大方县的地缘劣势转变为优势，充分发挥恒大集团产业链对大方经济的整合能力，把传统减贫扶贫的"输血"救济改造为"造血"自救，由"单一捐赠"变为"立体帮扶"，由"大水漫灌"变为"精准滴灌"，从而促进大方县的进一步发展，全面促进小康社会的发展。

（三）保障兜底夯实，社会和谐有序持续推进

健康扶贫工程使居民逐步摆脱"因病致贫，因病返贫"的窘况，医疗设施的不断更新与完善，从而通过健康扶贫工程的实施使全民健康水平逐步上升，增强全民身体健康素质。发展教育扶贫使居民自身教育水平得到不断的提高与发展，进而逐步提升自身的文化素质与文化素养。居民的医疗得到了保障，健康水平不断地上升，文化素质不断地提高与发展，从而使居民的生活幸福化程度逐步提高。

随着切实有效的减贫举措的实施，越来越多的贫困家庭走出贫困，贫困人口总量逐渐减少，贫困户幸福感逐渐提高，社会治安事件逐渐减少，当地居民的安全保障程度进一步提高，社会稳定性进一步提高和增强。

产业扶贫以及创业扶贫两者不断发展的过程使地方经济产业模式有了创新，增加了地方经济产业模式，从而利用创新的地方经济产业模式不断创造居民收入，使当地贫困户收入逐渐接近当地最低收入标准，从而不断增加当地的经济收入。

易地搬迁扶贫政策的实施，使大多数的居民逐步搬出之前存在威胁的居住区域，从而保障了居民的生命安全，实现其自身的社会责任。随着扶贫模式的不断发展与壮大，摆脱贫困的居民人数也呈现逐步上升的趋势，但是在精准扶贫方案的实施过程中，各个居民所发展的程度也各有不同，进而使贫富差距扩大，从而使社会不公平现象增多，扶贫模式的发展使经济不断发展的同时也使当地公平境况被打破，社会问题因此产生。

帮扶脱贫的企业终究只是一个引导者,后续的实施与努力只能靠贫困居民,但在精准扶贫的实施过程中,容易使贫困居民对帮扶企业产生归属感,从而容易使脱贫工作产生依赖性,不利于后期贫困居民自身进行"造血"自救。在精准扶贫的过程中,利用当地企业自身的优势而进行产业扶贫是扶贫方案重要的一种,但是一味地追求利润与成果就容易对当地的生态环境造成破坏,只关注眼前利益而忽略长远利益,容易使扶贫变成一种暂时性的事业,不利于长期的发展。同时,各个层面信息传递不全面容易造成信息的不透明化,而信息的不透明化又容易导致分配机制的不公平,进而容易使群众矛盾激化,不利于扶贫工作的有效开展。

人口素质水平的高低是大方县当地经济水平向长远发展的根本。大方县整体的文化程度集中于小学初中阶段,整体文化程度不高,并且还有文盲现象的存在,针对大方县的现状,恒大集团对口对大方县实行了发展教育扶贫的方案,恒大在此建立的 11 所小学、8 所幼儿园目前已经交付使用,并且恒大还设立了教育奖励资金,使优秀的人民教师和贫困家庭的优秀学生都能享受 3000 元的奖励,以此提高大方县的教育水平,提高人民的文化素质,进而使大方县居民的普通劳动力减少,技能劳动力增加。一方面使大方居民的收入增加,另一方面使大方居民的综合素质得到提升,为以后的"造血"自救培养后备力量。

（四）文化传承得以彰显,内生动力持续增强

扶贫模式的实施以结合当地特色为主线,通过结合当地特色的模式来促进扶贫工程的开展与实施。使传统文化的流传与发展得到进一步的体现,通过对传统文化传播方式的不断创新,使当地群众更易接受并弘扬我们的传统文化。

在文化产业扶贫的实施中,拓宽了传统文化与少数民族文化的传

播渠道，文化传播方式上不断创新，新型文化传播的渠道与模式不断扩大当地优秀文化传播力度，加快当地文化旅游产业的发展，提高地方经济收入。随着文化旅游业发展而来的是各种新潮思想，当地居民思想观念逐步开放，新旧文化的交流与碰撞造成当地传统文化的流失。同时，建筑、书籍是当地传统文化传播的主要形式，旅游业的蓬勃发展，在传播传统文化的同时，极易造成文化古迹损坏。

扶贫企业自身独特的企业文化在推进扶贫工作时难免与当地传统文化出现碰撞，产生矛盾，易造成居民对文化脱贫方案不理解、不支持，导致贫困居民与当地政府矛盾激化。大方县居住22个少数民族，各异的民族习俗和颇具特色的民族文化成为制定和实施扶贫措施时必须考虑的问题。在大方减贫模式中，政企双方达成共识，减贫和服务必须要考虑民族特色因素，把少数民族文化转变为扶贫资源，进而提出了开发奢香古镇，发展民族旅游资源，让少数民族本身成为民族旅游的参与者和受益者，激发了少数民族贫困户发展的内生动力。

五　持续改善的问题与对策

（一）政企协作机制需要进一步完善

政府与恒大集团减贫工作推进中，特别在方案的落实工作中沟通得还有待提高。措施推进过程中，政企在工作上只是按照原定的规划各司其职，平时几乎零交流。政府不知恒大扶贫团队工作近况，扶贫团队也不知政府发现总结的扶贫反馈信息。部分干部在扶贫工作开展中人浮于事，甚至出现应付检查的现象。特别是村级干部撂担子当甩手掌柜现象，恒大工作队在实际落实减贫方案中出现的矛盾问题得不到政府的及时协助和解决，造成减贫工作开展难、队员无信心、无动力现象。

（二）减贫项目申请的流程复杂，信息透明度不够

贫困户申请流程繁杂、问题可反馈渠道少。大方县未建立镇村级扶贫一体服务站，符合要求的贫困户提交贫困审核材料时需要多部门走访审查，且受惠贫困户在脱贫过程中出现的问题无切实可行的渠道反馈，官民沟通不畅，单线联系，问题解决力度过低。减贫工作开展上，信息透明度欠缺。帮扶对象的可公开信息不透明，出现部分暗箱操作、走后门现象，激化贫困户间的矛盾，使扶贫工作难度加大。

（三）减贫方案个性化不足，灵活性差

大标准下，难实现特殊个体的脱贫。减贫方案分三期推进，在方案制定上主要是针对大方县普遍存在的贫困问题，对特殊贫困户减贫效果不明显，而后期针对特殊贫困户的兜底扶贫，虽能改善贫困现状，却无法使其自给自足。

方案灵活度不够，修整周期长、流程复杂。减贫模式总方案的设计是在大方县政府指导下由恒大集团主要负责与制定，但方案在具体实施过程中发现的问题不足，只能通过集团年底总结会向上汇报，再由董事会议商榷解决，以作调整，这往往导致方案与减贫现状不匹配，新爆发的问题得不到及时解决。

吸纳就业过程中，报酬标准低于市场价，标准分配不科学。吸纳就业的贫困户中低技术劳动力约占85%，仅15%的劳动力是中技，但其报酬额等同，报酬上吃大锅饭造成贫困户参与脱贫工作不积极。同时，吸纳就业的机会，加快了部分传统文化的消亡速度。

（四）贫困户脱贫的主动性仍需提高

贫困户的劳动技能技术化和职业化程度很低，生产中以传统的农

耕生产方式为主，技术含量低，不了解、不掌握现代化生产技术的掌握和认识严重不足。贫困户自主脱贫意识差，发展意识不强。一是就业观念严重落后，其择业标准与自身素质能力极不相符，贫困户"小钱不愿赚、大钱赚不了"的思想成为吸纳就业扶贫和产业扶贫工作顺利推进的心腹之患。二是大多数贫困人口文化素质低、思想保守，对劳动生产的认识仍停留在自给自足的自然经济，安于现状。在国家诸多惠农扶贫政策的实施兑现下和社会各界捐资捐物下，贫困户自主脱贫意识淡化，依赖思想加重。入户走访时，部分贫困户被问及如何发展产业实现脱贫时，均表示自己是"三无"：无钱、无劳力、无技术，只求能搭上国家扶贫顺风车，拿到低保，解决基本温饱就行。

为此，我们对这一模式持续改善的对策建议有三点。

一是充分发挥政府主体引导的作用。建立村级精准扶贫服务站，除通过网络、电视、传单、微信等传统渠道和新媒体渠道外，更新宣传形式，进行减贫扶贫政策宣讲，确保贫困户能获得、理解、熟悉扶贫减贫的相关政策和流程。加强对小部分减贫过程中问题群众思想的引导和纠正，从思想上让官民一条心，是扶贫工作顺利推进的保障，减少和避免官民矛盾激化的有效途径。引进第三方对扶贫减贫项目的实施过程进行监督，让监督客观、公正和切实有效。

二是激发贫困群众、企业及工作人员主观能动性。建立健全的贫困户能人脱贫奖励机制，树立贫困村脱贫模范、贫困户脱贫模范并高调宣传，利用榜样的力量激发贫困户坚持脱贫的热情，培养贫困户自主脱贫的意识和自豪感，摆脱"贫困有利"，坐享其成的陋习和落后思想。建议大方恒大扶贫公司对自身员工和政府派遣进行扶贫的干部一视同仁，对优秀工作者表彰激励，健全赏罚机制，调动挂职基层干部和工作人员的工作积极性。

三是重视少数民族传统文化的保护与开发利用。少数民族传统文化是少数民族在长期的生产生活实践中积累和发展起来的，是宝贵的资源和财富，其中不乏具有重要开发价值的民间美术、传统技艺等，如贵州少数民族的刺绣、蜡染等技术。在实施生态移民的过程中，加强少数民族传统文化的保护与开发，有利于促进少数民族传统文化的传承与发展。一是在城镇移民安置点建设中，要在充分了解少数民族传统文化的基础上，把握民族文化的特点，将少数民族移民安置点建设与民族文化旅游资源开发结合起来，着力打造各具特色、富有民族文化氛围的特色城镇；二是坚持产业发展思路，运用现代管理和服务手段，大力开发民族文化旅游资源，发展壮大民族文化旅游产业，把少数民族传统文化培育成推进城镇化进程、实现移民可持续发展的重要力量，在开发利用中实现民族传统文化的有效保护、传承与发展。

B.15
贵州国有企业慈善捐赠的思考

——以"习酒·我的大学"为例

张云峰*

摘　要：　"习酒·我的大学"是贵州茅台酒厂（集团）习酒有
限责任公司通过慈善捐赠履行社会责任而形成的知名
助学公益品牌，是贵州国有企业慈善捐赠的代表。以
"习酒·我的大学"为例，对贵州国有企业通过慈善捐
赠履行社会责任情况、存在问题和改进的对策建议进
行思考。贵州国有企业在慈善捐赠围绕省委省政府的
中心工作——大扶贫有序开展进行，成就突出，但政
府频繁摊派、国有企业管理层对公益的认识局限和近
年来慈善组织内部系列丑闻对国有企业的慈善捐赠产
生负面影响。因此，要加强政府对慈善组织监管，为
国有企业的慈善捐赠创造良好的发展环境；强化国有
企业的慈善意识，塑造企业公益活动的文化含量；国
有企业须制定与企业发展战略相适应的慈善捐赠战略，
细化慈善捐赠管理；提升国有企业对慈善捐赠的管理
水平，力争做到慈善捐赠是在系列程序化的轨道上有
序进行。

---

* 张云峰，贵州省社会科学院党建研究所副研究员。

关键词： 习酒 国有企业 社会责任 发展报告

慈善捐赠是指作为法人的企业，凭借自身雄厚的财力基础，通过扶贫、帮困、助人、利他为主要方式实施的捐赠行为，履行对他人的关怀和同情的义务，是企业公益活动的直接表现，亦是企业履行社会责任的主要内容之一。《说文解字》对慈善的解释：慈，爱也。善，吉。慈善之意即为爱护、和善、亲善、友好。中国数千年的慈善传统一直连绵不绝，其主要方式为对鳏寡孤独、贫病残疾之人积极救济，其理论基础是源于儒家思想的中"仁爱"思想之中的人道主义精神。"达则兼济天下，穷则独善其身"是数千年来中国各阶层人士的追求。国有企业进行慈善捐赠的依据正是渊源于中国数千年深厚的慈善传统。慈善捐赠是对中国传统深厚慈善文化的传承，亦是对中国法律规制范围内履行自己的社会责任。《中华人民共和国公益事业捐赠法》规定：人民政府或者有关部门对公益事业有突出贡献捐赠的自然人、法人或其他组织予以相应表彰。国有企业属于法人，其资产属于全民所有，国家鼓励国有企业对公益事业捐赠。

贵州省的国有企业一直积极开展慈善捐赠，已经成为部分企业固定的公益活动，并且成为中国知名的公益品牌，让很多人受益，得到社会各界高度肯定。2006 年贵州茅台酒厂（集团）习酒有限责任公司（以下简称"习酒公司"）联合共青团贵州省委、贵州省青少年发展基金会共同创办"习酒·我的大学"，习酒公司通过慈善捐赠的方式资助家庭贫寒但是学习优良品行端正的大学新生完成学业，此活动创办持续了十年，已经成为知名的公益品牌，是国有企业慈善捐赠的典范。本报告以"习酒·我的大学"为例，对贵州国有企业通过慈善捐赠来履行社会责任进行思考。

一 "习酒·我的大学"具体做法与经验

"习酒·我的大学"创办十周年来,在慈善捐赠方面受到社会各界的高度肯定和赞誉,其做法值得肯定。其成就有以下几点。

(一)企业捐资助学是中国慈善文化的传承

据《周礼·地官》记载:"以保息六养万民:一曰慈幼,二曰养老,三曰振(赈)穷,四曰恤贫,五曰宽疾,六曰安富。"周王在中央行政官职中,设立地官司徒,助其教化国民,安定天下。慈善捐赠是中华民族的传统,捐资助学是主要内容之一,通过捐资给贫困学子,教化国民,让社会安定团结,这一风范一直在中国传统社会延续。在市场经济中,企业强化自身管理,不仅要为社会提供优质的产品,也需要通过履行自己的社会责任来丰富自己品牌内涵,让自己在公众中成为有责任、有担当的企业。"习酒·我的大学"开展十年来,慈善捐赠惠及全国25个省份,累计捐赠近8000万元人民币,惠及近两万名高校大学生,学生遍布国内近百所知名学校;在践行社会责任过程中,通过习酒公司慈善捐赠的义举,经销商和消费者纷纷通过实际捐赠的方式参与到"习酒·我的大学"慈善捐赠活动中来。习酒公司的慈善捐赠促进了社会和谐进步,用实际行动传承了中国深厚的传统文化,让中国数千年的善文化不断在新时期得到最大限度的发展和传承,让品学兼优家庭贫寒的学子继续追逐未来的梦想,振奋了他们自强不息而努力改变命运的精神。习酒公司携手社会各界履行自己的社会责任,共同推动社会和谐发展,让企业发展的红利及时回馈社会,用实际行动凝聚共识,汇聚正能量,践行社会主义核心价值观。

（二）保证捐赠的阳光和公平，维护慈善捐赠的纯洁性

实现社会的公平是每一个履行社会责任企业和每一个公民的梦想。社会主义初级阶段，社会发展过程中必然会出现不平衡现象，为了消弭这一不平衡现象，除了政府从制度和行政的途径进行相应调节，还要动员全社会力量广泛参与慈善捐赠事业。"习酒·我的大学"是一项面向贫困学子的公益活动，要保证这项活动发挥最大的作用，遴选贫困学子最为关键。每年高考过后，习酒公司就在官网上对这一活动进行宣传和招募志愿者，贫困学生通过官网报名，对自己学习和家庭情况进行填表登记。高考成绩出来后，习酒公司安排各销售区域销售人员和志愿者，与当地县（市、区）团委一道，对贫困学生家庭进行实地调查，选出成绩优秀、品德高尚、家庭贫困的学生，予以公示，接受社会监督。每年，习酒公司除了直接拨付资助学生费用之外，对这一活动还将花费大量的人力和物力，其目的就是保证这一活动的公正和公平，让最优秀但是家庭贫困的学生得到资助，把温暖送到最寒冷的地方。这一活动开展十年来，尚未发现公司参与此项工作的人有违规违纪现象。

（三）拉长慈善的链条，让更多的人参与到慈善捐赠活动中来

企业经营过程中，不断拉长产业链条，可以增加企业附加值，拉动地方经济的增长。慈善捐赠活动亦是如此，只有让更多的人参与到慈善捐赠活动中来，公益的力量才会更大，效果才会更明显。习酒公司在开展"习酒·我的大学"这一公益品牌中，除了自己积极捐赠之外，还发动经销商、消费者和自己的员工积极参加慈善捐赠，不断把慈善的链条拉长，让更多人积极投入到慈善捐赠中来。

（四）建立健全完善的资金管理制度，坚持慈善捐赠的公开、公正运作

"习酒·我的大学"实施以来，习酒公司高度重视活动运行程序的公正和社会实际效果，对活动的进行由公司统一领导、部署和实施。习酒公司各市场部的工作人员与各地团委对资助对象进行严密的考察、精心筛选，保证捐赠资金用到最需要资助学生身上。各市场部结合实际制定考察和资助对象的标准，向社会公开对申报资助学生的审核和监督力度。通过多种渠道考察受资助学生家庭情况和品行，最终讨论确定资助名单，向社会进行公示，主动接受社会的监督。每一年的慈善捐赠都在严密的制度和严格的监督下有序进行。习酒公司通过制定和完善各项管理制度和实施办法，保证资助标准、申请程序、审核监督等各项工作纳入制度轨道，做到有章可循。

（五）结合地域特点合理安排捐赠范围的数量，兼顾平衡

"习酒·我的大学"实施 10 年，已经由贵州拓展到全国 25 个省份。慈善捐赠的施行过程中，习酒公司充分考虑到地域发展的不平衡，把资助的力度放在贫困地区，并不是自己主要的销售区域，突出重点兼顾地方发展的不平衡，城乡结合，向农村倾斜，合理分配名额，让家庭贫寒但是品学兼优的学生及时得到资助。习酒公司市场部与各地团委、社区主动做好信息沟通，对最终确定的救助名单进行精准校对，努力做到不重复资助，扩大救助范围和覆盖面。通过传统媒体和新媒体等多种途径对慈善捐赠活动进行广泛宣传，提高社会认知度，打造希望工程助学品牌。在对贫困学子给予资金支持的同时，还辅以精神支持，循循善诱，对受资助学生未来给予希望。

"习酒·我的大学"这一品牌发扬光大的动力和精神支柱是让更多品学兼优但家庭贫寒的学子继续实现大学梦。习酒公司通过慈善捐赠

来践行自己的社会担当，帮助贫寒学子实现自己的梦想，引领贵州国有企业主动践行社会责任，传播公益文化，形成了良好的公益氛围。

二　贵州省国有企业慈善捐赠情况

由于历史的原因，贵州长期处于欠开发、欠发达阶段，经济总量一直位居全国后列。与发达地方对比，贵州省的国有企业数量和质量存在一定差距，但贵州省的国有企业一直积极从事慈善捐赠，通过这一传统方式来履行自己的社会责任。

贵州部分国有企业围绕贵州大扶贫的中心工作，积极开展慈善捐赠，通过实际行动为贫困地区群众解决生活困难。2013 年 11 月，习近平总书记在湖南省湘西州十八洞村考察时首次提出"精准扶贫"概念，指出"扶贫要实事求是，因地制宜。要精准扶贫，切记喊口号，也不要定好高骛远的目标"。为了落实国家脱贫攻坚规划，推动大扶贫战略行动，促进科学治贫、精准扶贫、有效脱贫，加快贫困地区经济社会发展，实现与全国同步全面建成小康社会，贵州实施大扶贫战略行动，聚集力量打赢科学治贫、精准扶贫、有效脱贫这场输不起的攻坚战。在实施大扶贫战略行动过程中，国有企业通过积极的慈善捐赠方式来履行社会责任，践行贵州大扶贫战略行动。

2016 年贵州国有企业在大扶贫方面慈善捐赠数额大，资助群体面广，受惠群众多。捐赠主要用于学校基础设施改善、贫困地区基础设施建设改善、自然灾害地区赈灾、贫困学子学费、结对帮扶地区困难群众的资助、贫困学生的学习费用。2016 年，贵州轮胎股份有限公司向修文县教育局捐资 15 万元，帮助改善当地义务教育教学条件；向对口帮扶村修文县大石乡红寨村，资助 6 万元资金，帮助红寨村修建村内道路；走访慰问低收入贫困村贫困户。

2016 年翁福集团通过实施教育帮扶，出资 50 万元资助 100 名榕江县农村贫困家庭 18 岁以下应、往届初中毕业生进行为期三年的中职教育。通过实施就业帮扶，16 名贫困学子作为瓮福—榕江就业帮扶第一批人员已到岗。

中国移动贵州公司 2016 年通过贵州省慈善总会向望谟定向捐赠资金 600 万元。六盘水分公司组织开展"扶贫日"募捐活动，党员干部带头募捐，向全体党员及员工发起号召，携起手来为六盘水市的扶贫工作贡献一份自己的爱心力量。此次活动，共计 276 人参与，募捐金额总计 9341 元，其中 4130 元汇入六盘水市扶贫局账户，1865 元汇入六枝扶贫局账户，3346 元交予盘县结对扶贫单位。

贵阳公交集团开展领导干部遍访帮扶，公司领导班子成员走访慰问定点帮扶贫困户，了解用水、用电、子女教育、养老等存在的困难情况，并为他们送上慰问金 7200 元，以及米、面、油等慰问品。开展"爱心 100 活动"。公司团委通过牵线搭桥，以"爱心 100 活动"方式积极帮扶 5 名留守儿童，提供资助资金 6000 元。

贵州电网 2016 年积极打造"电亮·同步小康梦"扶贫公益品牌，聚焦留守儿童、贫困学生、残障人士、空巢老人四类困难群体，积极开展"电亮·助学梦、亲情梦、自立梦、暖家梦"四项活动，全年捐款捐物共计 66 万元，为困难群体提供力所能及的关心和帮助。2012 年茅台集团为对口帮扶的道真县"6·26"灾后重建捐款 300 万元，茅台集团员工自发捐款 260 万元，捐资 200 万元资助 400 名贫困大学生。

茅台集团连续五年继续出资 1 亿元开展"国酒茅台·国之栋梁"大型公益助学活动，帮助 2 万名大学新生圆梦大学。

盘江集团协调 16.64 万元资金，用于帮助赫章县关爱留守儿童、改善农村小学办学条件。

2016 年，西南能矿集团履行国企政治责任，以同步小康精准扶贫为引领，贯彻贵州省大扶贫战略。集团公司主动对接罗甸县委组织部，将驻村帮扶点选在条件更为艰苦的边阳镇翁定村，选派经验丰富、作风踏实的党员干部担任第一书记。积极协助省国资委帮扶雷山县大塘镇乔兑村。集团公司党委成立扶贫工作领导小组，主要领导多次深入帮扶村进行调研，慰问困难党员，主持召开扶贫工作座谈会，帮助选定扶贫帮扶项目。2016 年集团公司累计投入帮扶资金 55 万元，积极帮助翁定村、乔兑村实施项目脱贫计划，推进基础设施建设、教育扶贫、产业扶贫工作，改善生产生活条件。集团向遭受山体滑坡事故的毕节市大方县理化乡偏坡村金星组捐款 10 万元用于灾区恢复建设，能矿锰业、地矿股份等权属公司多次赴当地敬老院、学校开展爱心捐赠，春运期间赴高铁站开展志愿活动，展现了西南能矿集团强烈的社会责任。

玉蝶控股集团积极支援灾区和贫困山区建设，尤其关注教育事业，每年定期向贵州省贫困山区小学捐款捐物，给山区的老师们搭建一个良好的教学环境，给山区的孩子们创造一个美好的未来。2016年度玉蝶善愿基金捐助了全省 32 所贫困小学的 5000 多名学生和 300多名教师。

贵州高速集团 2016 年慰问捐助 10 余次，落实到位帮扶资金 10余万元，主要为定点包干村贫困户提供生活保障及老人小孩送去爱心物资，包括大米、生活用油、衣服、学习用品以及慰问金等。大扶贫围绕中心工作。

保利久联集团 2016 年捐建 150 万元，用于长顺白云山镇烂山村龙山坝到龙岭新村通村道路硬化工程，推进长顺县扶贫脱困工作。

开磷集团 2016 年向关岭县捐赠 100 万元资金，用于断桥镇后寨村人畜饮水工程建设。通过实地走访、调查研究，开磷成功找到后寨村打洋组水源地，并检测为优质矿泉水，工程建成后每天为村民供水120 立方米。

贵州省农村信用社对口帮扶务川县，2017 年走访贫困农户 2100

余户，送去大米、食用油、棉被、棉衣以及学习用品等生活物资共计30万元，并送上慰问现金达40万元。

中国烟草总公司贵州省公司全省烟草商业共建立党建扶贫联系点193个，派驻第一书记106人，投入扶贫资金1360万元。其中，省局（公司）结对帮扶水城县，投入扶贫资金787万元，协调项目27个，共计5306万元。深入开展扶贫济困、救助灾害等社会公益事业活动，共计捐赠资金1.14亿元。其中，在贵州省毕节市实施10个烟草扶贫新村项目建设，投入资金2000万元，黔西南州对口实施1个村烟草扶贫，投入资金470万元，切实改善广大贫困烟区人居环境和生产、生活条件，取得良好的社会、经济和扶贫效益。

贵州乌江水电开发有限责任公司2016年直接捐赠1245万元，投入600万元用于沿河县塘坝千年古茶公园提级打造产业项目，撬动社会资金5000万元，直接带动塘坝镇岩头村、榨子村、凤凰村480户贫困户1465人脱贫致富；投入600万元用于投入沿河官舟镇努比亚山羊繁育中心产业项目，撬动社会资金4780万元，带动贫困户320户956人。

2016年贵州国有企业的慈善捐赠主要有三大特点。

一是自发组织、主动对接。完全由各国有企业自发组织，慰问形式、内容、时间不做统一规定。各国有企业主动联系村支两委，询问具体需求，要求提供特困户名单，使慰问既能切实帮助贫困农户解决实际困难，又能杜绝"撒胡椒面"，加强了针对性、提高了时效性。充分体现了在大扶贫的战略背景下，各国有企业主动作为、积极行动，时刻牵挂贫困群众，主动通过慈善捐赠来履行国有企业的责任。

二是形式多样、内容丰富。有的国有企业集中统一在逢年过节期间慰问，进入家中送去物资，有为老人准备的棉鞋棉服、为小孩准备的书包文具、生活必需品、现场写新春红对联。都是贫困农户急需的物资、过年用得上的物资，让贫困群众感受到温暖。有的国有企业直接提供大量的资金，用于贫困地区改善基础设施，通过基础设施的改善，让贫困地区生产生活更加便利，有利于脱贫之路早日实现。有的国有企业直接对品学兼优但是家庭贫寒的高考学子提供入学资金，通过智力扶持，让贫困群众缓解燃眉之急，实现一人带动一户致富。

三是慈善捐赠节约勤俭，严格按照国家相关规定开展，积极传播正能量。各国有企业严格遵守中央"八项规定"和省委相关规定，捐赠之前均提前主动告知当地党委政府不搞欢迎欢送、不搞接待宴请、不收受土特产。物资购买货比三家，挑选物美价廉的商家进行采购，下车直奔贫困村、直达贫困户。2016 年贵州省国有企业的慈善捐赠一直有条不紊地进行，没有出现任何违规违纪的现象。

三 影响贵州国有企业慈善捐赠的因素

贵州省国有企业的慈善捐赠相对不太多，慈善公益受到一些因素的影响，制约着贵州国有企业慈善捐赠事业的进一步发展。

（一）政府行为对国有企业慈善捐赠履行社会责任的影响

国有企业的慈善捐赠一般是在逢年过节为本企业或辖地的社会弱势群体捐赠，方式一般为直接予以困难群众一定数量的钱或者生活必需品，捐赠可以帮助困难群众减少一定的生活困难。在自然灾害等不可抗拒力对人民群众的生命财产造成巨大损失的时候，国有企业会主动进行慈善捐赠，通过捐赠表达对受灾群众的关爱。贵州省的国有企业对困难群众和灾区群众捐赠的现象很普遍，在每年春节、中秋等节假日或省内外发生灾害的时候，都可以看到贵州省国有企业的身影。贵州省国有企业对困难群众和灾区的捐赠，履行了企业的社会责任，传承了中华文化的慈善文化，缓解了社会发展过程中政府管控缺失的盲点。因此，政府对国有企业的慈善捐赠一直是提倡和支持的，这样可以弥合社会发展过程中的不平衡，有利于社会的稳定和谐。国有企业的慈善捐赠应该是自愿和主动的，政府对国有企业捐赠除了支持和提倡之外，还应该完善慈善捐赠的相关规章制度，让国有企业的慈善捐赠更加规范化。但在贵州个别地方，地方政府总是希望在逢年过节和自然灾害时候国有企业进行大量慈善捐赠，让企业来承担政府的责任。这是错误的行为，企业应该抵制。财政部和公益事业捐赠法明文规定：捐赠应当是自愿和无偿的，禁止强行摊派或者变相摊派。因此，政府如果从社会友爱的层面提倡，不是从强制的角度出发，号召企业履行社会责任，勇于担当，那么对国有企业的慈善捐赠就有促进作用。如果政府不作为，强制捐赠，对捐赠管理混乱，造成捐赠无法达到最佳效果，那么，将影响国有企业慈善捐赠的积极性。国有企业是国家的财产，慈善捐赠用于遇到困难的人民群众，但是，国有企业也是法人主体，政府须尊重企业慈善捐赠的意愿，主动做好国有企业慈善捐赠的监管和监督，为企业的慈善捐赠培育良好的社会氛围。

（二）国有企业管理层对公益的认识将影响国有企业的慈善捐赠

国有企业的慈善捐赠是企业发扬友爱，对弱势群体和特定群体履行社会责任的行为，这种行为将对国有企业品牌形象增加责任含量，体现国有企业的担当。但是国有企业的慈善捐赠不是交易行为，是企业的自发行为，因此，国有企业的慈善捐赠的决定权在企业管理层，管理层对公益的认识程度将对捐赠产生至关重要的影响。目前，贵州国有企业的慈善捐赠除了"习酒·我的大学"之外，仅有茅台集团"国酒茅台·国之栋梁"运行五年，茅台集团每年投资 1 亿元用于资助品学兼优但是家庭贫寒大学新生，同前，尚未有稳定的慈善捐赠。很多国有企业尚未有连续的慈善捐赠传统，捐赠的主要领域为资助贫穷和赈灾。但是这些捐赠并不是固定，捐赠的决定权在企业管理层，管理层的捐赠往往带有功利的意图，捐赠的对象、捐赠的数目、捐赠内容往往由国有企业管理层来决定，具有很大的随意性。贵州有个别国有企业管理层狭隘认为企业的社会责任就是慈善捐赠，慈善捐赠的内容就是扶贫和赈灾。这一狭隘的认识使企业捐赠持续性不强，公益效果和影响面较小。企业管理层对慈善捐赠的认识不足会对企业的捐赠产生很大的随意性，容易对国有企业在公众心中的形象产生不良影响。

（三）慈善组织内部系列丑闻对国有企业的慈善捐赠产生很大负面影响

慈善捐赠是国有企业履行社会责任的途径之一。国有企业一般都是把自己捐赠的钱物交给慈善组织，让专业机构做专业的事情。慈善组织作为国有企业和受资助者之间联系的纽带，肩负着整合社会上方方面面的资源、对弱势群体实施具体的救助、传播慈善文化的重任。慈善组织的公信力是慈善捐赠功效得以体现的关键。随着社会的进步发展，人民群众对公益慈善的支持力度空前，可以说汶川地震以来是改革开放以来中国慈善捐赠的井喷。但是也看到，由于个别慈善机构透明程度和程序规范方面存在严重问题，个别慈善机构工作人员挪用善款，如郭美美事件，造成慈善机构在社会上的声誉扫地，对国有企业的慈善捐赠的积极性造成极大影响。2009 年以后，或许是期望自己捐赠的善款能够发挥最大的作用，贵州省国有企业的捐赠直接交给慈善机构的数量急剧减少，都是企业自己从事慈善组织的工作，直接把善款捐赠到需要帮助的群众手中。比如"习酒·我的大学""国酒茅台·国之栋梁"等大型公益助学活动，都是企业安排自己的工作人员从事慈善组织的工作。这样做无疑加重企业的负担，企业不仅要捐赠钱财，还要增加更多人力物力，所以企业对慈善捐赠不再是那么积极，很多捐赠都是在逢年过节的时候对企业所在区域的困难群众象征性地表示一下。

四 贵州省国有企业慈善捐赠的思考

慈善捐赠是国有企业履行社会责任的有效途径之一，也是树立企业在公众心目中良好形象的关键，因此，贵州国有企业要做大做强，树立良好的形象至关重要。贵州国有企业积极履行社会责任，在慈善捐赠方面须在以下方面加强。

（一）加强政府对慈善组织监管，为国有企业的慈善捐赠创造良好的发展环境

国有企业由国家出资组建，它的资产属于国家，与政府有着密切的关系。政府委派人员对国有企业管理，这一特殊的关系，需要政府为国有企业的慈善捐赠创造自主性和独立性的慈善环境。政府须加强对慈善机构严格的监督、引导和管理，让慈善机构的服务功能得到最大限度的发挥。通过对慈善机构的整治，让国有企业的慈善捐赠功能得到最大限度的发挥，减少企业在慈善捐赠之后继续追加物力财力的现象，调动更多国有企业参与慈善捐赠。慈善组织须制定严密的规章制度，扎牢制度的笼子，使善款的募集、管理和使用透明化。加强政府对善款使用情况的监督，增强企业对政府募捐的信任度，保证国有企业的慈善捐赠全部有效落地。政府、慈善组织、国有企业共同营造积极的捐赠制度环境和慈善文化氛围，这样才能增强企业捐赠价值效能，降低企业捐赠成本，提高企业捐赠积极性。引导和协助企业成为慈善事业的生力军，为企业公民化提供扎实的根基和持久的活力。

（二）强化国有企业的慈善意识，塑造企业公益活动的文化含量

国有企业对慈善的认识是企业从事公益的内生动力，是企业从事

慈善捐赠的前提条件。慈善文化是中国传统文化的重要组成部分。在弘扬传统文化的大背景下，政府、社会和企业都要自觉学习和传承慈善文化，让慈善捐赠成为企业和企业家的自觉行动。习酒公司一直提倡君品文化，持续资助"习酒·我的大学"，一直把慈善文化作为企业文化的主要部分之一，把传统社会君子的社会责任担当发挥得淋漓尽致。因此，通过对传统文化的培育，增强企业和企业家的慈善意识，自觉从事慈善活动，在慈善活动中更好地塑造企业的公益形象，提升企业品牌的"文化价值"。

（三）国有企业须制定与企业发展战略相适应的慈善捐赠战略，细化慈善捐赠管理

国有企业应主动履行自己的社会责任，承担与自身身份相符合的责任担当，自觉践行社会主义核心价值观和营造良好的社会环境是国有企业的基本职责，也是国有企业履行社会责任和从事慈善捐赠的重要组成部分。贵州国有企业可以根据自身发展战略目标和当下中国发展的实际情况以及社会对国有企业的期望，制定符合实际的慈善捐赠战略，对不同性质和规模的慈善捐赠做出明确的部署，细化慈善捐赠的管理。国有企业可以结合企业发展现状，制定慈善捐赠中长期慈善规划、支出比例，在规划下有序开展慈善捐赠。

（四）提升国有企业对慈善捐赠的管理水平，力争做到慈善捐赠是在系列程序化的轨道上有序进行

慈善捐赠的开展涉及策划、研究、实施、评价、宣传、招标等一系列环节。每一环节需要进行明确的制度安排与设计。以严格的制度要求与固化的规章规范，能有效保障国有企业慈善捐赠的规划实施。针对不同性质的慈善捐赠项目，国有企业应充分做好每一项目具有针对性、科学性与前瞻性的可行性研究。通过项目的可行性研究，对项

目所需要的投入资金与规模、项目主要目标与预期成效、项目的管理与运行、项目的相关配套设施等方面进行合理的分析、规划与安排。国有企业通过设立专门的管理机构，加强对公益项目支出的合法、公开与透明管理。通过科学合理、机制有序的审批流程及相关的专业管理人员施行，对所开展的公益项目所需要的支出以严格而合理的审批程序进行有效管理。加强资金使用的监督管理。在国有企业实施公益项目的过程中，应对项目实施的所有过程进行有效的监督与管理，其中涉及项目重要环节的内容需进行重要节点的密切监控。同时，对于公益项目资金的具体使用情况，需详细按照项目预算监测资金流向与资金使用状况。建立长效的信息沟通协调机制。一方面，建立畅通的信息通道，保障整个项目从规划、实施到执行的每一环节都有较为完善的信息交流与信息传递。另一方面，通过有效的信息协调机制，对项目中的具体实施进度和任务，进行合理的协调与分配。同时，充分发挥信息沟通机制的反馈功能，对于项目实施过程中所存在的问题、质量偏差及预期成效等，进行实时的反馈与协调。建立国有企业较为完善的监督体制。一方面，在企业内部建立项目评价考核机制，进行内部监督；另一方面，通过社会公开监督及有关利益相关方的监督，实施外部监督。通过内外监督的强化，加强对国有企业公益项目公开、透明与规范的管理。不断增强与改进国有企业公益事业的管理能力与水平。国有企业需要不断加强和推进公益项目的总结和经验研讨，从每一个公益项目的总结与研讨中不断增强自身公益事业的管理能力与水平。另外，国有企业需要组织一些有关公益事业管理的交流活动，通过与其他企业分享、学习与交流有关公益事业的筹划、实施、管理等方面问题，不断增进自身管理能力与水平。

大 事 记

Memorabilia

B.16

2016年贵州省国有企业社会责任大事记

贾梦嫣

一月

1月13日 全省经济和信息化工作会议在贵阳召开，会议学习贯彻中央经济工作会、全国工业和信息化工作会、全省经济工作会精神，总结"十二五"特别是 2015 年全省工业和信息化工作，安排部署 2016 年工作。时任省委副书记、代省长孙志刚对会议做出批示。会议强调，要牢牢抓住工业经济发展的关键，强化创新驱动，用创新思维、创新技术和创新模式实现传统产业的转型升级，用创新理念、创新举措和创新路径培育新兴产业发展，用创新意识、创新方法和创新机制降低企业发展成本。会上同时举行了 2015 年省级企业技术中心、技术创新示范企业和产学研结合示范基地授牌仪式。省有关部门、中央在黔有关单位、各市（州）政府、贵安新区管委会、国有企业和民营企业负责人等同志参加了会议。

1月15日 由中国石油和化学工业联合会与中国化工报社主办的美丽化工——风云"十二五"精英评选颁奖仪式在河北沧州举行，贵州开磷控股集团荣获石化行业"十二五""最具责任感企业"称号。

二月

2月5日 全省国资监管工作会议在贵阳召开，时任省委书记、省人大常委会主任陈敏尔、时任省委副书记、省长孙志刚作批示，时任省委常委、副省长慕德贵出席并讲话。会议充分肯定了过去一年全省国资监管系统各项工作取得的新成绩，提出，2016年，各监管企业和各地国资监管机构要着力抓好提质增效稳增长、调整结构促转型、深化改革增活力、优化监管提效能、从严治党强保障、扬规挺纪抓廉政和责任履行做贡献七个方面的工作。省国资委相关同志、各市（州）政府负责同志、有关企业负责同志等参加会议。

2月18日 2015年度贵州省科学技术奖揭晓，93项成果获奖。由贵州茅台酒股份公司独立完成的"基于射频识别的瓶装酒防伪和追溯系统的研发与应用"等项目获奖。

三月

3月12日 在省国资委、团省委的支持下，贵州产业投资集团有限责任公司赴剑河县，对因2月20日剑河县岑松镇温泉村内寨火灾受灾的群众进行捐赠，支持温泉村灾后重建。

3月15日 中国勘察设计协会发布《关于公布2015年度全国优秀工程勘察设计行业奖评选结果的通知》，贵州省交通规划勘察设计研究院股份有限公司、中国电建集团贵阳勘测设计研究院有限公司、贵州有色地质工程勘察公司、贵州省建筑设计研究院等单位承担的相关项目获奖。该奖是我国勘察设计行业最高荣誉，奖项旨在推动全国工程勘察设计行业深入贯彻落实科学发展观，不断提高工程勘察设计质量和水平，提倡自主创新，鼓励创作优秀作品，推动技术进步，加快科技成果应用。

3月15日 贵州开磷控股集团、贵州机场集团、贵阳机场股份公司、多彩贵州航空公司等企业参加了"新消费、我做主"贵州3·15大型宣传活动，以不同形式，从不同角度对消费者普及消费知识。

3月16日 贵州水城矿业股份有限公司召开表彰会，对2015年度在"献计献策，建家园、促发展"活动中涌现出的汪家寨煤矿等8个先进集体和50名活动指导个人、146名创新型员工进行了表彰。

3月22日 被称为"酒类行业奥斯卡"的第四届中国酒业营销金爵奖颁奖盛典在成都揭晓。贵州茅台酒厂（集团）有限责任公司荣获"中国酒业重构期领军企业"称号，茅台集团董事长、茅台酒股份公司董事长袁仁国荣获"中国酒业重构期领袖人物"称号。

3月24日 省经信委、省科技厅、省财政厅、省国税局、省地税局、贵阳海关共同召开"2016年贵州省企业技术中心工作会"，会议通报了2014年度省级认定企业技术中心评价结果，强调了深刻认识加强技术创新工作激发供给侧结构性改革活力的重要性，要求切实加强企业技术中心建设、以技术创新作为供给侧改革的主动力、企业发展的原创力。

3月29日 第二届中国质量奖颁奖大会在北京举行，贵州钢绳股份有限公司获得提名奖。

3月31日 瓮福（集团）有限责任公司根据榕江县地质土壤情况，量身定制了400吨用于当地水稻种植的高浓度复合肥，帮助榕江县困难群众解春耕用肥的燃眉之急。自2015年接到结对帮扶任务以来，瓮福（集团）有限责任公司已累计投入资金 1700 余万元，开展小香鸡、锡利贡米等帮扶项目 10 余个，助力榕江县实现全年脱贫 28000 余人。

四月

4 月 6 日　省国资委印发《贵州省国资委关于全面推进监管企业法治国企建设的意见》，对推进法治国企建设做出全面安排，进一步推动防范企业法律风险，维护企业合法权益，依法推进国企改革，保证国有资产安全等工作。

4 月 18 日　省国资委系统企业落实大扶贫战略行动现场推进会在务川县召开。时任省委书记、省人大常委会主任陈敏尔，时任省委副书记、省长孙志刚、时任省委副书记、省委政法委书记谌贻琴作批示，时任省委常委、副省长慕德贵出席会议并讲话。会议提出，省国资委系统企业要用于承担企业社会责任，更加主动地参与到全省大扶贫战略行动中来，以钉钉子精神做好结对帮扶各项工作。务川县、省农信社、茅台集团、贵州电网、乌江公司洪家渡发电厂 5 家单位代表作交流发言。省委组织部、省扶贫办、省小康办有关负责人，遵义市政府负责人，12 个重点贫困县的县委、县政府有关负责人，12 户结对帮扶重点贫困县企业主要负责人及分管负责人，国资委系统其他企业负责人参加会议。

4 月 26 日　贵州大学与贵州盘江投资控股（集团）有限公司共建企业法务专业学位研究生工作站暨授牌仪式在贵州盘江投资控股（集团）有限公司举行。工作站旨在结合学院学科优势以及企业发展方向，发挥研究生科研生力军作用，将校企合作向更深层次推进，开展更具广度和深度的合作。

4 月 27 日　省国资委制定并出台关于做好 2016 年监管企业提质

增效工作方案,从加大市场开拓、化解过剩产能、坚持创新驱动等七个方面提出要求,推动监管企业积极应对经济下行压力,推动企业效益稳定增长、转型升级加快实现。

4月28日 由省经济和信息化委、省质量技术监督局和省工经联联合举办的2016贵州省企业社会责任报告编制及卓越绩效先进质量管理方法培训班在贵阳举办。培训班的成功举办,标志着"2016贵州省企业社会责任报告发布暨全省质量信誉承诺系列活动"正式启动。

4月29日 贵州省庆祝"五一"国际劳动节暨表彰大会在贵阳举行,庆祝全世界工人阶级和劳动人民的伟大节日,表彰为贵州经济社会发展做出突出贡献的工人阶级的先进代表。时任省委常委、省委统战部部长刘晓凯出席会议并讲话,时任省人大常委会副主任、省总工会主席袁周主持会议,时任省人民政府副省长陈鸣明出席会议。

截至4月 省国资委监管的12户系统企业落实帮扶资金3.7亿余元,发放贷款616.2亿元,协调及建设项目793个,慰问困难群众4.2万户,慰问困难群众资金2773.8万元,帮扶困难贫困户2.4万户。

五月

5月6日 省国资委监管企业提质增效工作推进会召开,对省国资委监管企业提质增效工作作动员部署,会上,省国资委与各监管企业签订提质增效目标责任书,将提质增效工作纳入企业领导班子和企业负责人综合考评内容。

5月6日 西南能矿集团股份有限公司在织金召开绿色勘察项目现场交流会。此次现场交流会分绿色勘察项目施工现场观摩和座谈会两部分。西南能矿集团股份有限公司和承担绿色勘察示范项目的省地矿局 106 地质队、117 地质队及有色地勘院的相关负责人共 40 余人参加会议，国土资源部找矿指导中心、省环保厅有关专家应邀到现场指导工作。

5 月 12 日 经中国煤炭工业协会批准，西南地区瓦斯防治工程研究中心在水矿集团安和矿业科技工程股份有限公司挂牌成立。该中心以西南地区煤矿瓦斯防治的需求为导向，可进行瓦斯参数、瓦斯解吸规律、煤尘爆炸危险性指数、地质构造探测、钻机功能等多方面的测试与实验工作，旨在大幅提升西南地区煤矿瓦斯防治及利用的科技创新水平及装备保障能力，为从根本上遏制西南地区瓦斯事故多发态势提供强有力的科技支撑平台。

5 月 15 日 《茅台酒百年图志（1915～2015）》发行会在茅台集团会议中心举行。

5 月 15 日 省盐务管理局贵阳分局联合贵阳市疾控中心，开展了主题为"坚持科学补碘、建设健康中国"的宣传活动。贵州盐业（集团）有限责任公司等企业参加了宣传活动。

5 月 16 日 "瓮福－榕江"教育扶贫工作企、地、校三方在榕江签订合作协议。根据协议，瓮福（集团）有限责任公司将与贵州省工业职业技术学院合作，对榕江县纳入贫困人口建档立卡管理系统的农村贫困家庭 18 岁以下应、往届初中毕业生提供资助，首批资助 100 人通过"两年在校学习＋1 年顶岗实习"的模式进行为期三年的中职教育。

5 月 28 日 省国资委帮扶雷山县大塘镇精准扶贫"1＋4＋6"帮扶模式在雷山县大塘镇新桥村正式启动，省国资委、省国资委 10 户监管企业参与帮扶工作。其中，"1"代表 1 个贫困村，"4"代表 1 名省国资委领导或省国有企业监事会主席、1 户监管企业、1 个省国资委机关党支部或机关群团组织和 1 名雷山县委或县政府领导，"6"代表培育一批优势产业、培育一批市场主体、推进一批教育培训、改善一批基础设施、扶持一批农村电商、发展一批现场旅游 6 项帮扶措施。

5 月 28 日 贵州开磷控股集团大水工业园三期工程 Ⅰ 系列装置投料试生产成功,这是贵州开磷控股集团继 120 万吨/年坑口磷铵项目后的又一重大工程项目。

六月

6 月 3 日 贵州省大数据战略行动推进大会在贵阳召开。时任贵州省委书记、省人大常委会主任陈敏尔出席会议并作讲话,时任贵州省委副书记、省长孙志刚主持会议并作总结讲话,时任贵州省政协主席王富玉、时任贵州省委副书记、省委政法委书记谌贻琴,省委常委,省人大常委会、省政府、省政协领导班子成员和相关部门、企业负责人参加会议。会议强调,要以大数据引领经济转型升级,把大数据作为实施创新驱动发展战略的重要支撑、加强供给侧结构性改革的重要抓手、支持实体经济发展的重要内容,因地制宜探索差异化创新路子,以大数据为引领实施区域科技创新战略,以大数据为内容增加科技供给,加快发展新经济,培育壮大新动能。

6 月 16 日 省直属企业工会系统第六届职工职业技能大赛(消防技能竞赛)暨省物资集团、省储运总公司"安全生产月"和"安全生产贵州行"消防安全演练活动在储运公司南门货场内举行。

6 月 17 日 瓮福(集团)有限责任公司"磷化工智能工厂试点示范"项目作为全国唯一一家磷化工智能工厂试点示范项目进入我国 2016 年智能制造试点示范项目名单。

6 月 20 日 省经信委、省科技厅、省财政厅、省国税局、省地税局、贵阳海关等部门在省人民政府政务服务中心召开了 2016 年省级企业技术中心认定总评会。会议提出,技术创新和科技进步决定了企业转型升级的能力、速度和水平，加强以技术中心为主体的企业技术创新体系建设是贵州省落实"新发展理念"的重要抓手。

6月24日 贵州省科技进步监测网发布2015年贵州省重点企业综合科技进步水平指数及一级指数排行榜。茅台集团位列2015年度全省183家重点企业第三名。

6月29日 中国化工企业500强发布会在重庆举行。贵州开磷控股集团控股集团荣获"2016中国化工500强企业"的称号。这是贵州开磷控股集团连续12年进入化工百强企业，排名由以前的67位上升到25位。

七月

7月13日 全国石油和化工行业绿色发展大会召开，瓮福（集团）有限责任公司等企业荣获"'十二五'行业环保先进单位"称号。

7月16日 由贵州钢绳（集团）有限责任公司主导修订的国际标准——《钢丝绳——要求》（ISO2408：2017）经国际标准化组织（ISO）批准，正式出版发行，实现了贵州国际标准零的突破。

7月25日 瓮福（集团）有限责任公司帮扶麻尾镇市民活动广场工程开工。

7月26日 贵州盘江精煤股份有限公司2015年度先进人物事迹报告团到各单位巡回宣讲。

7月26~28日 由石化行业协会组织的"十三五"石化行业节能节水与低碳工作促进会暨2015年度能效"领跑者"发布会在北京召开。瓮福（集团）有限责任公司被评为"十二五"全国石化行业节能先进单位，瓮福化工公司杨前武同志被评为"十二五"全国石化行业节能先进个人，瓮福磷酸一铵、硫酸被评为2015年度能效

"领跑者"标杆。

7月27日 中国振华电子集团有限公司与中国航天科工集团第十研究院战略合作协议签字仪式在贵阳举行。根据协议，双方将在大数据产业、智能制造、装备制造以及电子元器件、电子材料、现代服务业等领域积极开展合作，共同推动军民融合产业发展迈上新台阶。

7月29日 2016贵州省企业社会责任报告发布暨全省质量信誉承诺大会在贵阳举行。121家中央在黔企业、省属大中型企业、股份制企业和民营企业共参会。贵州电网有限责任公司、中国移动通信集团贵州有限公司、贵州红林机械有限公司、中国贵州茅台酒厂（集团）有限责任公司、贵州盐业（集团）有限责任公司、西南能矿集团股份有限公司集团股份有限公司等33家企业获"2016年履行社会责任五星级企业"称号，19家因环保、商标侵权、质量等问题被处罚并曝光。会上，118家企业进行质量信誉承诺活动。

7月31日 省国资委监管企业大数据应用观摩会在贵阳举行，时任省委书记、省人大常委会主任陈敏尔，时任省委副书记、省长孙志刚做出批示。时任省委常委、副省长慕德贵出席会议并讲话。

八月

8月5日 贵州省"脱贫攻坚·党员先锋"先进事迹报告会在贵阳举行。时任省委常委、省委书记陈敏尔出席报告会并讲话。会后，贵州产业投资集团有限责任公司等企业传达学习了报告会精神，并结合公司实际，就贯彻落实会议精神进行安排部署。

8月9日 团省委与贵州产业投资集团有限责任公司签署战略合作协议暨扶贫助学捐赠仪式在贵阳举行。仪式上，贵州产业投资集团有限责任公司向省青基会捐赠70万元用于资助贫困大学生；团省委向贵州产业投资集团有限责任公司颁发"爱心企业"牌匾并共同10

名优秀高中应届毕业生代表发放 5000 元助学金。根据战略合作协议，贵州产业投资集团有限责任公司将利用产业覆盖面广、资源整合力强的优势，与贵州团省委开展全方位的团企合作，通过捐资助学、建立青年创业就业见习基地、建立青年创业创新基金等多种形式助力青年成长。其中，从 2016 年起，每年资助品学兼优的贫困大学生，每名被资助学生连续资助四年，每生每年 5000 元，帮助其完成学业。

8 月 25 日 贵州省第十七届企业管理创新成果发布会颁奖仪式在贵阳举行。省委、省政府有关领导以及上百个获奖单位的代表出席了颁奖仪式。贵州开磷控股集团等企业获奖。

截至 8 月 贵州水城矿业（集团）有限责任公司筹集的 48.88 万元助学款全部下拨到各单位，帮助困难职工家庭 1015 名子女顺利入学。

九月

9 月 3 日 保利久联控股集团有限责任公司在举行"弘扬保利文化—构建和谐企业"巡回演讲。

9 月 8 日 贵州"千企改造"工程·大数据专项行动正式启动。行动旨在引导优强大数据企业，为省内重点企业梳理发展痛点、制定解决方案，探索改造转型升级传统产业的新模式，促进省内企业和优强大数据企业实现资源共享、能力协同、深化合作，建立助推贵州企业转型升级的长效机制。阿里巴巴、腾讯、华为、用友、航天云网等国内优强大数据企业参加活动，首批选定茅台、瓮福、盘江等重点企业。

9 月 9 日 贵州钢绳（集团）有限责任公司组织举办"劳模上讲堂"活动，三名劳模登上讲堂，弘扬"团结、诚信、务实、创新"的企业精神。

9月12日 贵州盘江国有资本运营有限公司2015年度先进人物事迹报告会在贵州盘江投资控股（集团）有限公司总部举行。

9月19~20日 贵州省盘江精煤股份公司第十六届矿山救援技术竞赛举行。来自公司六支救护中队的48名队员参加竞赛。

十月

10月9日 贵州省机场集团有限公司赴雷山县大塘镇桃江村实地研究确定帮扶项目。

10月12日 全省企业参与脱贫攻坚现场观摩团100余人到赫章县观摩盘江集团结对帮扶项目。

10月17日 乌江水电开发有限责任公司组织系统各级党组织开展捐助活动，3700人参与此次现场募捐活动，募集善款20万余元。

10月17日 依托瓮福（集团）有限责任公司中低品位磷矿及其伴生资源高效利用国家重点实验室，瓮福（集团）有限责任公司联合榕江县人民政府共同开展中药材及水肥应用技术培训会。

十一月

11月2日 贵州开磷控股集团控股（集团）有限公司捐资200万元原始注册资金设立贵州开磷控股集团公益基金会，并对此进行了批复，获得贵州省民政厅下发的黔民函〔2016〕308号《关于准予贵州开磷控股集团公益基金会成立登记的批复》。

11月8日 西南能矿集团股份有限公司集团首届青年科技论坛在总部举办。西南能矿集团股份有限公司集团公司负责人、2016年第一批青年科技创新项目负责人、各权属公司青年科技工作者参加论坛。

11 月 10 日 贵州省重点工程项目铜仁大龙锰资源循环经济园示范项目一期"1+2"工程正式开工建设。锰资源循环经济园示范一期项目是贵州工业强省推出的"百千万工程"中百个省级重点项目和省工业循环一体化示范项目之一。项目建成后，将成为推动贵州锰行业品牌化的主力军，对推动贵州锰业转型升级、实现绿色发展起到促进作用。

11 月 10 日 省国防工业系统职工素质提升工作推进会在贵阳召开。会议回顾并总结"十二五"以来省国防系统职工素质建设工作情况，与会相关代表进行经验交流发言，与会领导为省国防第一届创新创意大赛获奖选手颁发证书，并进行省国防第三批"劳模创新工作室"授牌仪式。

B.17
后　记

　　本书是贵州省社会科学院党建研究所与贵州省经济信息化委员会企业处及军工处、贵州省国资委党建处、贵州省社会科学院文化研究所、农村发展研究所、法律研究所等多部门合作形成的集体研究成果。本书对贵州省国有企业 2016 年履行社会责任的情况进行了全面总结和深入研究，并选择贵州省部分军工企业作为样本进行具体分析。总的来看，在省委、省政府的大力推动下，在省经济信息委员会和国资委的关心和帮助下，国有企业社会责任总体上围绕贵州省脱贫攻坚进行，贫困县扶贫由"输血式"转向"造血式"，精准扶贫成效明显，脱贫人口进一步巩固提升。同时国有企业大生态、大数据两大战略中社会责任同步进行，做出应有的贡献。

　　近年来，随着国有企业产权制度改革不断深入和发展，国有企业在转型升级中履职能力逐渐增强，国有企业将在贵州省决胜脱贫攻坚、同步小康中发挥着越来越重要的作用。

S 子库介绍
ub-Database Introduction

中国经济发展数据库

涵盖宏观经济、农业经济、工业经济、产业经济、财政金融、交通旅游、商业贸易、劳动经济、企业经济、房地产经济、城市经济、区域经济等领域，为用户实时了解经济运行态势、把握经济发展规律、洞察经济形势、做出经济决策提供参考和依据。

中国社会发展数据库

全面整合国内外有关中国社会发展的统计数据、深度分析报告、专家解读和热点资讯构建而成的专业学术数据库。涉及宗教、社会、人口、政治、外交、法律、文化、教育、体育、文学艺术、医药卫生、资源环境等多个领域。

中国行业发展数据库

以中国国民经济行业分类为依据，跟踪分析国民经济各行业市场运行状况和政策导向，提供行业发展最前沿的资讯，为用户投资、从业及各种经济决策提供理论基础和实践指导。内容涵盖农业，能源与矿产业，交通运输业，制造业，金融业，房地产业，租赁和商务服务业，科学研究，环境和公共设施管理，居民服务业，教育，卫生和社会保障，文化、体育和娱乐业等100余个行业。

中国区域发展数据库

对特定区域内的经济、社会、文化、法治、资源环境等领域的现状与发展情况进行分析和预测。涵盖中部、西部、东北、西北等地区，长三角、珠三角、黄三角、京津冀、环渤海、合肥经济圈、长株潭城市群、关中一天水经济区、海峡经济区等区域经济体和城市圈，北京、上海、浙江、河南、陕西等34个省份及中国台湾地区。

中国文化传媒数据库

包括文化事业、文化产业、宗教、群众文化、图书馆事业、博物馆事业、档案事业、语言文字、文学、历史地理、新闻传播、广播电视、出版事业、艺术、电影、娱乐等多个子库。

世界经济与国际关系数据库

以皮书系列中涉及世界经济与国际关系的研究成果为基础，全面整合国内外有关世界经济与国际关系的统计数据、深度分析报告、专家解读和热点资讯构建而成的专业学术数据库。包括世界经济、国际政治、世界文化与科技、全球性问题、国际组织与国际法、区域研究等多个子库。

法 律 声 明

　　"皮书系列"（含蓝皮书、绿皮书、黄皮书）之品牌由社会科学文献出版社最早使用并持续至今，现已被中国图书市场所熟知。"皮书系列"的LOGO（　）与"经济蓝皮书""社会蓝皮书"均已在中华人民共和国国家工商行政管理总局商标局登记注册。"皮书系列"图书的注册商标专用权及封面设计、版式设计的著作权均为社会科学文献出版社所有。未经社会科学文献出版社书面授权许可，任何使用与"皮书系列"图书注册商标、封面设计、版式设计相同或者近似的文字、图形或其组合的行为均系侵权行为。

　　经作者授权，本书的专有出版权及信息网络传播权为社会科学文献出版社享有。未经社会科学文献出版社书面授权许可，任何就本书内容的复制、发行或以数字形式进行网络传播的行为均系侵权行为。

　　社会科学文献出版社将通过法律途径追究上述侵权行为的法律责任，维护自身合法权益。

　　欢迎社会各界人士对侵犯社会科学文献出版社上述权利的侵权行为进行举报。电话：010－59367121，电子邮箱：fawubu@ssap.cn。

社会科学文献出版社